これだけは知っておこう！
会話と作文に役立つ

ドイツ語
定型表現
365

橋本政義 著

三修社

●音声ダウンロード・ストリーミング

本書の付属CD [MP3]と同内容の音声がダウンロードならびにストリーミング再生でご利用いただけます。PC・スマートフォンで本書の音声ページにアクセスしてください。

https://www.sanshusha.co.jp/np/onsei/isbn/9784384058284/

はじめに

　ドイツ語の中級、あるいはそれ以上の力を身につけるにはどうすればよいか？
　そして独検やゲーテ・インスティトゥートの検定試験に合格するには何を勉強すればよいか？―これはドイツ語をひととおり学び、さらに飛躍をめざす熱心なドイツ語学習者の共通の悩みです。

　ドイツ語をマスターするためには、もちろん文法をさらに極め、読解力と会話力を鍛えることも重要ですが、やはり決定的になるのは単語と熟語の知識、つまり語彙力です。ドイツ語の構造は非常に厳密ですが、その基になっているのは個々の単語や熟語なのです。

　本書は日常よく使用される熟語や言い回しを厳選し、それらを365の定型表現や重要構文にまとめあげました。
　「読む・書く・話す」力をつけるエッセンスとして、会話と作文に役立つものと確信しています。

　特に強調したいポイントは次の3点です。
　　① 365の表現に対し例文を4つあげました。
　　　⇒ 類似表現と文中の重要な単語や熟語を同時に覚え、
　　　　365の何倍もの語彙力が身につきます。
　　②生きたドイツ語の表現に徹底的にこだわりました。
　　　⇒ ドイツ語検定試験対策にも即戦力として役立ちます。
　　③可能な限り＜注＞をつけました。
　　　⇒ より広範な語の理解と中級の文法力の養成に役立ちます。

　本書によりドイツ語に挑戦を続けるみなさんが、満足感と達成感を味わってくださることを願ってやみません。
　おわりに、微に入り細にわたる貴重な助言とともに、校閲の労をとっていただいた編集者の永尾真理氏に対し、深甚の謝意を表します。

著　者

Inhaltsverzeichnis

A

von A bis Z	12
ab und zu	13
abgesehen davon, dass ...	14
zum Abschluss	15
[4格] zum Abschluss bringen	
mit Absicht	16
ohne Absicht	
Ach und Weh schreien	17
die Achseln zucken / mit den Achseln zucken	18
[4格] außer Acht lassen	19
sich⁴ vor+[3格] in Acht nehmen	
von+[3格] keine Ahnung haben	20
in Aktion sein	21
in Aktion treten	
alles in allem	22
vor allem	
im Allgemeinen	23
an sich / an und für sich	24
unter anderem / unter anderen	25
von Anfang bis Ende	26
von Anfang an	
den Anfang machen	
auf+[4格] angewiesen sein	27
[4格] in Angriff nehmen	28
auf+[4格] ankommen	29
es kommt auf+[4格] an	
[4格] zum Anlass nehmen	30
dem Anschein nach / allem Anschein nach	31
im Anschluss an+[4格]	32
seiner Ansicht nach / nach seiner Ansicht	33
der Ansicht sein	
[4格] in Anspruch nehmen	34
Anstalten machen	35
Anstoß erregen	36
an+[3格] Anstoß nehmen	
an+[3格] Anteil nehmen	37
Anwendung finden / erfahren	38
[4格] in / zur Anwendung bringen	
[4格] zur Anzeige bringen	39
Arm in Arm	40
[4格] auf den Arm nehmen	
außer Atem kommen / geraten	41
Auf und Ab	42
[4格] auf+[4格] aufmerksam machen	43
auf+[4格] aufmerksam werden	
für+[4格] ein Auge haben	44
unter vier Augen	
große Augen machen	
jeden Augenblick	45
im Augenblick	
im letzten Augenblick	
[4格] zum Ausdruck bringen	46
zum Ausdruck kommen	
dem Aussehen nach	47
nach außen hin	48
außer sich³ sein	49
aufs Äußerste	50
[4格] in Aussicht haben	51
in Aussicht stehen	
[4格] auswendig lernen	52

B

[4格] für bare Münze nehmen	53
auf+[4格] bedacht sein	54
mit Bedacht / voll Bedacht	
ohne Bedacht	
bei Bedarf	55
nach Bedarf	

zu seinem Bedauern	56
ohne Bedenken	57
im Begriff sein	58
③格 ein Begriff sein	
④格 auf die Beine stellen	59
③格 ein Bein stellen	
sich⁴ auf die Beine machen	
④格 mit+③格 bekannt machen	60
④格 mit+③格 bekannt machen	
ohne Belang sein /	
nicht von Belang sein	61
über den Berg sein	62
mit+③格 in Berührung kommen	63
③格 Bescheid geben	64
③格 Bescheid sagen	
Bescheid wissen	
von+③格 Besitz ergreifen <nehmen> /	
④格 in Besitz nehmen	65
sein Bestes tun	66
④格 in Betracht ziehen	67
④格 außer Betracht lassen	
in Betracht kommen	
außer Betrieb sein	68
in Betrieb sein	
④格 in Betrieb nehmen	
④格 in Bewegung setzen	69
sich⁴ in Bewegung setzen	
zum Beweis	70
mit+③格 in Beziehung stehen	71
④格 zu+③格 in Beziehung bringen / setzen	
in jeder Beziehung	
in Bezug auf+④格	72
auf+④格 Bezug nehmen	
wie vom Blitz getroffen	73
in voller Blüte stehen	74
an Boden gewinnen	75
an Boden verlieren	

in einem Boot sitzen	76
④格 in Brand setzen / stecken	77

D

④格 dahingestellt sein lassen	78
dahingestellt sein / bleiben	
darüber hinaus	79
auf die Dauer	80
③格 die Daumen drücken	81
zur Debatte stehen	82
es sei denn	83
in allen Details	84
bis ins kleinste Detail	
auf gut Deutsch	85
guter Dinge sein	86
vor allen Dingen	
④格 zur Diskussion stellen	87
zur Diskussion stehen	
④格 unter Druck setzen	88
durch und durch	89
im Durchschnitt	90
in / zu Dutzenden	91

E

in Eile	92
es eilig haben	93
zum einen ..., zum anderen ...	94
auf+④格 Eindruck machen	95
auf+④格 Einfluss ausüben	96
auf einmal	97
auf einmal	
nicht einmal	
im Einzelnen	98
ins Einzelne gehen	
④格 in Empfang nehmen	99
④格 in Empfang nehmen	

5

letzten Endes ········· 100
  am Ende sein
eine Entscheidung treffen ········· 101
  zur Entscheidung kommen
seines Erachtens ········· 102
(4格) in Erfahrung bringen ········· 103
ohne Erfolg ········· 104
in Erfüllung gehen ········· 105
zur Erinnerung an+(4格) ········· 106
  (3格) (4格) in Erinnerung bringen / rufen
im Ernst ········· 107
auf ewig ········· 108

F

auf jeden Fall ········· 109
  auf alle Fälle
  auf keinen Fall
Farbe bekennen ········· 110
außer Fassung sein / geraten ········· 111
  (4格) aus der Fassung bringen
auf eigene Faust ········· 112
mit+(3格) fertig werden ········· 113
Feuer und Flamme für+(4格) sein ········· 114
(3格) auf die Finger sehen ········· 115
  sich[4] in den Finger schneiden
ein großer / dicker Fisch ········· 116
fix und fertig ········· 117
zwei Fliegen mit einer Klappe schlagen ········· 118
[wie] im Flug[e] ········· 119
(3格) Folge leisten ········· 120
  (4格) zur Folge haben
  für die Folge / in der Folge
wie folgt ········· 121
gut in Form sein ········· 122
in einem fort ········· 123

keine Frage sein / außer Frage stehen ········· 124
  in Frage kommen
  nicht in Frage kommen
in aller Frühe ········· 125
früher oder später ········· 126
  von früh bis spät
mit Fug und Recht ········· 127
auf eigenen Füßen / Beinen stehen ········· 128
  auf schwachen Füßen / Beinen stehen
  zu Fuß gehen

G

(4格) in Gang bringen / setzen ········· 129
  in Gang kommen
  in Gang sein
ganz und gar ········· 130
im Ganzen ········· 131
zu+(3格) geboren sein ········· 132
von+(3格) Gebrauch machen ········· 133
  außer Gebrauch kommen
  in Gebrauch sein
(4格) im Gedächtnis haben ········· 134
  (3格) (4格) ins Gedächtnis zurückrufen
sich[3] über+(4格) Gedanken machen ········· 135
ein Gedicht sein ········· 136
auf eigene Gefahr ········· 137
(3格) einen Gefallen tun ········· 138
  an+(3格) Gefallen finden
auf+(4格) gefasst sein ········· 139
im Gegensatz zu+(3格) ········· 140
im Gegenteil ········· 141
in Gegenwart+(2格) ········· 142
(4格) geheim halten ········· 143
es geht um+(4格) ········· 144
zum Gelächter werden / sich zum
  Gelächter machen ········· 145

bei Gelegenheit	146
(3格) gelingen	147
(4格) gelten lassen	148
(4格) zur Geltung bringen	149
(4格) mit+(3格) gemein haben	150
genug von+(3格) haben	151
ins Gerede kommen	152
nicht im Geringsten	153
das Gesicht verlieren	154
ein langes Gesicht machen	
das Gesicht wahren	
(4格) zum Gespött machen	155
(3格) gewachsen sein	156
mit aller Gewalt	157
auf+(4格) Gewicht legen	158
ein schlechtes / gutes Gewissen haben	159
es gibt+(4格)	160
zum Glück	161
auf gut Glück	
Glück haben	
Gott sei Dank	162
(4格) in den Griff bekommen	163
(4格) im Griff haben	
um sich greifen	164
im Großen und Ganzen	165
im Grunde genommen	166
auf Grund (2格) / von+(3格)	
ohne Grund	
es gut haben	167
so gut (1格) kann	168
so gut wie	169

H

um ein Haar	170
haben + zu 不定詞	171
(4格) hinter sich³ haben	172
halb ..., halb ...	173
(4格) für ... halten	174
(4格) in die Hand nehmen	175
rechter Hand / zur rechten Hand	
Hand in Hand	
es handelt sich um+(4格)	176
ein alter Hase sein	177
da liegt der Hase im Pfeffer	178
aus der Haut fahren	179
schweren Herzens	180
von ganzem Herzen	
sich³ ein Herz fassen	
(3格) am Herzen liegen	
mit Hilfe (2格) / von+(3格)	181
(3格) Hilfe leisten	
hin und her	182
hin und zurück	
über+(4格) hinaus	183
im Hinblick auf+(4格)	184
in jeder / vieler Hinsicht	185
in Hinsicht auf+(4格)	
vor die Hunde gehen	186
(4格) unter einen Hut bringen	187

I

für immer	188
immer noch / noch immer	
imstande sein	189
(4格) in die Irre führen	190
in die Irre gehen	

J

je+比較級, desto+比較級	191

K

Karriere machen	192
für die Katz sein	193

7

[4格] in Kauf nehmen ········· 194
kaum ... , als ... ········· 195
[4格] zur Kenntnis nehmen ········· 196
[3格] [4格] zur Kenntnis bringen
von klein auf ········· 197
 ganz klein werden
in der Klemme sitzen ········· 198
bis auf die Knochen ········· 199
zu sich^3 kommen ········· 200
mit+[3格] in Konflikt geraten / kommen 201
[4格] aus dem Konzept bringen ········· 202
[4格] auf den Kopf stellen ········· 203
 den Kopf verlieren
auf Kosten [2格] ········· 204
 auf eigene Kosten
aus eigener Kraft ········· 205
 in Kraft sein / stehen
an+[3格] Kritik üben ········· 206
 unter jeder / aller Kritik sein
sich^4 um+[4格] kümmern ········· 207
vor kurzem ········· 208
 seit kurzem
 kurz und bündig
 sich^4 kurz fassen

L

in der Lage sein ········· 209
[4格] auf Lager haben ········· 210
nicht länger ········· 211
seit langem ········· 212
[4格] in die Länge ziehen ········· 213
 sich^4 in die Länge ziehen
längst nicht ... ········· 214
im Lauf[e]+[2格] / von+[3格] ········· 215
ums Leben kommen ········· 216
 auf Leben und Tod
 sich^4 das Leben nehmen

[4格] ins Leben rufen
 nie im Leben / im Leben nicht
mit Leib und Seele ········· 217
es leicht haben ········· 218
[4格] nicht leiden können ········· 219
[4格] leiden können
leidenschaftlich gern ········· 220
[3格] leidtun ········· 221
als Letzter / Letzte ········· 222
 bis ins Letzte
[4格] ans Licht bringen ········· 223
 bei Licht besehen
in erster Linie ········· 224
[4格] links liegen lassen ········· 225
[4格] unter die Lupe nehmen ········· 226
Lust haben ········· 227
 nach Lust und Laune

M

an die Macht kommen ········· 228
 an der Macht sein
mit einem Mal[e] ········· 229
 von Mal zu Mal
in Maßen / mit Maßen ········· 230
 mit zweierlei Maß messen
mehr oder weniger ········· 231
 mehr und mehr
nach seiner Meinung /
 seiner Meinung nach ········· 232
 der Meinung sein
am meisten ········· 233
nicht im Mindesten ········· 234
 mindestens
in letzter Minute ········· 235
 auf die Minute
in Mode kommen ········· 236
 aus der Mode sein

jeden Moment ········· 237
　im Moment
auf dem Mond leben ········· 238
nicht müde werden ········· 239
sich³ Mühe geben ········· 240
　der Mühe / die Mühe wert sein
den Mund halten ········· 241
　in aller Munde sein

N

nach wie vor ········· 242
　nach und nach
über Nacht ········· 243
　bei Nacht und Nebel
nahe daran / dran sein ········· 244
im Namen 2格 ········· 245
　sich³ einen Namen machen
in+4格 seine Nase stecken ········· 246
von Natur [aus] ········· 247
4格 auf sich nehmen ········· 248
3格 auf die Nerven fallen / gehen ········· 249
　Nerven haben
aufs Neue / von Neuem ········· 250
　3格 neu sein
sich³ aus+3格 nichts machen ········· 251
von+3格 Notiz nehmen ········· 252

O

von oben herab ········· 253
ganz Ohr sein ········· 254
3格 zum Opfer fallen ········· 255
in Ordnung sein ········· 256
　4格 in Ordnung bringen

P

ein paar ········· 257
für+4格 Partei ergreifen / nehmen ··· 258

Pech haben ········· 259
1格 in Person sein ········· 260
　in [eigener] Person
　ich für meine Person
wie ein Pferd arbeiten / schuften ········· 261
pflegen + zu不定詞 ········· 262
auf dem Plan stehen ········· 263
um jeden Preis ········· 264
　um keinen Preis
im Prinzip ········· 265

R

im Rahmen 2格 / von+3格 ········· 266
4格 zu Rate ziehen ········· 267
mit+3格 rechnen ········· 268
recht haben ········· 269
　3格 recht geben
　[nur] recht und billig sein
mit Recht / zu Recht ········· 270
von+3格 die Rede sein ········· 271
　von+3格 kann keine Rede sein
in der Regel ········· 272
der Reihe nach / nach der Reihe ········· 273
　an die Reihe kommen
auf Reisen gehen ········· 274
　sich⁴ auf die Reise machen
eine Rolle spielen ········· 275
3格 den Rücken kehren / wenden ··· 276
auf+4格 Rücksicht nehmen ········· 277
　mit Rücksicht auf+4格

S

zur Sache kommen ········· 278
　nichts zur Sache tun
in eine Sackgasse geraten ········· 279
etwas zu sagen haben ········· 280
4格 satt haben ········· 281

9

Schaden nehmen	282
3格 zu schaffen machen	283
scheinen + zu不定詞	284
Schlange stehen	285
Schluss machen	286
zum Schluss	
Schritt für Schritt	287
mit+3格 Schritt halten	
an+3格 Schuld haben	288
3格 die kalte Schulter zeigen	289
4格 in Schutz nehmen	290
4格 auf die leichte Schulter nehmen	291
schwarz auf weiß	292
es schwer haben	293
in Schwierigkeiten geraten	294
[sich³] 2格 sicher sein	295
4格 im Sinn haben	296
3格 aus dem Sinn kommen	
so ..., dass ...	297
..., so dass ...	
so ..., wie möglich	298
sich³ um+4格 Sorgen machen	299
sowohl ... als auch ...	300
4格 aufs Spiel setzen	301
Station machen	302
an seiner Stelle / an Stelle 2格 / von+3格	303
auf der Stelle	
zur Stelle sein	
gegen+4格 Stellung nehmen / beziehen	304
für+4格 Stellung nehmen	
im Sterben liegen	305
4格 im Stich lassen	306
stichhaltig sein	
in Stimmung sein	307
auf+4格 stolz sein	308
auf offener Straße	309
gegen den Strom schwimmen	310
Stück für Stück	311

T

von Tag zu Tag	312
Tag für Tag	
Tag und Nacht	
in der Tat	313
zum Teil	314
ein gut Teil	
teils ..., teils ...	315
4格 unter den Teppich kehren	316
zu Tode	317
mit+3格 nichts zu tun haben	318

U

überhaupt nicht	319
für+4格 viel übrighaben	320
im Übrigen	
um+4格 herum	321
unter keinen Umständen	322
unter Umständen	
und zwar	323
zu Unrecht	324
im Unterschied zu+3格	325
ohne Unterschied	

V

sich⁴ mit+3格 in Verbindung setzen	326
3格 4格 zur Verfügung stellen	327
3格 zur Verfügung stehen	
4格 zur Verfügung haben	
im Vergleich zu+3格 / mit+3格	328
3格 Vergnügen bereiten	329
4格 in Verlegenheit bringen	330
verloren gehen	331

[4格] zur Vernunft bringen	332
im Vertrauen auf+[4格]	333
[4格] in Verwirrung bringen	334
vor sich hin	335
im Voraus	336

W

Wache stehen	337
mit+[3格] warm werden	338
was für ein	339
ins Wasser fallen	340
weder ... noch ...	341
[3格] aus dem Weg gehen	342
seinen [eigenen] Weg gehen / seine eigenen Wege gehen	
eine Weile	343
nach einer Weile	
in keiner Weise / in keinster Weise	344
auf diese Weise	
bei Weitem	345
weit und breit	
es weit bringen	
ohne Weiteres	346
in aller Welt	347
zur Welt kommen	
ein wenig	348
am Werk sein	349
ans Werk gehen / sich⁴ ans Werk machen	
[4格] ins Werk setzen	
auf+[4格] Wert legen	350
immer wieder	351
nie wieder	
Wind von+[3格] bekommen	352
[4格] in den Wind schlagen	

in Wirklichkeit	353
von+[3格] nichts wissen wollen	354
meines Wissens	355
nach bestem Wissen und Gewissen	
wohl oder übel	356
aus allen Wolken fallen	357
[3格] das Wort / den Mund verbieten	358

Z

[3格] auf den Zahn fühlen	359
[3格] den Zahn ziehen	360
die Zähne zusammenbeißen	361
Zeit haben	362
zu ..., als dass ...	363
durch Zufall / aus Zufall	364
[4格] zufriedenstellen	365
[3格] [4格] zugutehalten	366
[3格] [4格] zukommen lassen	367
in Zukunft	368
[3格] [4格] zuleide tun	369
nicht zuletzt	370
[4格] zunichtemachen	371
zunichtewerden	
zurzeit	372
mit der Zeit	
von Zeit zu Zeit	
im Zusammenhang mit+[3格]	373
[4格] zustande bringen	374
zustande kommen	
[4格] zutage bringen	375
ohne Zweifel	376
[4格] in Zweifel stellen / ziehen	

11

von A bis Z
はじめから終わりまで、例外なくすべて

① Die Straßennamen von Berlin kannte der Taxifahrer **von A bis Z**.

ベルリンの道路の名前をそのタクシーの運転手は**すべて**知っていた。

② Der Zeitungsartikel war **von A bis Z** erfunden[1].

その新聞記事は**何もかも**でっち上げだった。

③ Diese Beispielsätze und Redewendungen muss ich für die Prüfung **von A bis Z** auswendig lernen[2].

これらの例文や言い回しを私は試験のために**一つ残らずすべて**暗記しなければならない。

④ Was[3] der Mann gestern erzählt hat, stimmt **von A bis Z** nicht.

その男がきのう話したことは**すべて**正しくない。

---
[1] erfunden　erfinden（発明する、ここでは作り話など⁴を考え出す）の過去分詞、状態受動の過去。
[2] auswendig lernen　暗記する
[3] 不定関係代名詞wasの4格。

ab und zu[1]

ときどき

① Die alte Witwe lädt uns **ab und zu** zum Tee ein[2].
その老いた未亡人は私たちを**ときどき**お茶に招いてくれる。

② **Ab und zu** gehe ich mit Freunden ins Kino.
ときどき私は友人たちと映画を見に行く。

③ Obwohl er jetzt in Paris lebt, trifft er seine Familie noch **ab und zu**.
彼は今パリで暮らしているのだが、いまだに彼の家族と**ときたま**会っている。

④ Meine Großmutter kommt[3] uns **ab und zu** besuchen.
私の祖母は**ときどき**私たちを訪ねて来る。

---

[1] manchmal / von Zeit zu Zeit と同義。(英語: *sometimes* / *now and then*)
[2] 4格 zu+3格 einladen …⁴を…³に招待する
[3] kommen + zuのない不定詞[句] (…しに)来る

abgesehen davon, dass ...

…ということは別にして

① **Abgesehen davon, dass** ich keine Ballspiele mag, macht der Sportunterricht Spaß.

球技が好きでない**ことを別にすれば**体育の授業は楽しい。

② **Abgesehen davon, dass** sie einen weiten Weg zur Arbeitsstelle hat, ist sie mit ihrer Arbeit zufrieden[1].

職場までの道のりが遠い**ことを別にすれば**彼女は仕事に満足している。

③ **Abgesehen davon, dass** er gegen Erdnüsse allergisch[2] ist, kann er alles essen.

ピーナッツにアレルギーがある**のを除いて**彼は何でも食べられる。

④ **Abgesehen davon, dass** sie manchmal ins Theater geht, hat sie keine Hobbys.

ときどき観劇に行く**のを除け**ば彼女には趣味がない。

---

[1] mit+ 3格 zufrieden sein …³に満足している
また多少ニュアンスは異なるが、
Sie ist **mit** ihrer Arbeit **zufrieden**, abgesehen davon, dass sie einen weiten Weg zur Arbeitsstelle hat.
としても同義である。他の例についても同様。

[2] gegen+ 4格 allergisch sein …⁴に対してアレルギー体質である

zum Abschluss
終わりに、最後に

① In seiner Rede sprach der Ministerpräsident[1] **zum Abschluss** noch über die Auflösung des Parlaments.
首相はスピーチの**終わりに**議会の解散について話した。

② **Zum Abschluss** bedankte sich der Politiker bei seinen Parteifreunden.
最後にその政治家は党友に対して礼を言った。

③ **Zum Abschluss** unserer Reise gingen wir noch alle gemeinsam ins Restaurant.
旅の**終わりに**私たちはみんな一緒にレストランへ食事に行った。

④ Gegen Ende des Balls spielte man **zum Abschluss** noch einen Walzer.
舞踏会の終わりごろ**最後に**もう一曲ワルツが演奏された。

関連表現

4格 zum Abschluss bringen[2] …⁴を終える
Bis morgen muss die Arbeit **zum Abschluss gebracht** werden.
明日までにこの仕事を**終え**なくてはならない。

---

[1] Ministerpräsident [男性弱変化名詞] 首相
Bundeskanzler / Bundeskanzlerin （ドイツやオーストリアの）首相
Premierminister / Premierministerin （日本や英国の）首相

[2] 機能動詞構造と呼ばれるもので、動詞から作った動作名詞あるいは動作名詞を含む前置詞句に形式的な機能動詞を添えて成句化したもの。特に書き言葉で多用される。独検準1級にもよく出題される重要な表現。

mit Absicht
故意に、わざと

① Er hat uns **mit Absicht** bei der Arbeit gestört.
彼は**わざと**私たちの仕事の邪魔をした。

② Der kleine Junge hat seiner Oma **mit Absicht** auf den Fuß getreten[1].
その小さな男の子はおばあさんの足を**故意に**踏みつけた。

③ Der Autofahrer fuhr **mit Absicht** auf der falschen Fahrbahn.
運転手は**意図的に**間違った車線を走った。

④ Hast du das etwa[2] **mit Absicht** gemacht?
君はそれを**わざと**したとでもいうのかい？

関連表現

ohne Absicht　何気なく、うっかりと
　Er hat sie **ohne Absicht** beleidigt.
　彼は**うっかり**彼女の感情を害してしまった。

---

[1] 3格 auf den Fuß treten　…³の足を踏む
[2] etwa　話し手の懸念を反映している。

Ach und Weh schreien
嘆きわめく

① Vor[1] Schmerzen **schrie** sie **Ach und Weh**.
痛みのあまりに彼女は**嘆きわめいた**。

② Die Alte **schrie** nur noch **Ach und Weh**.
その老婦人はただもう**嘆き悲しむ**ばかりだった。

③ Du kannst noch so[2] **Ach und Weh schreien**, es[3] wird dir keiner helfen.
お前がどんなに**嘆きわめいて**も、誰もお前を助けてくれはしないだろう。

④ Was **schreien** Sie denn **Ach und Weh**, obwohl alles gut geht?
すべてうまくいっているのに、一体あなたは何を**嘆き悲しんでいる**のですか？

---

[1] vor …のあまり（原因を表す前置詞、後続する名詞は無冠詞）
[2] noch soの形で譲歩・認容を表す。「どれほど…であるにせよ」の意。また認容文は後続する主文の語順に影響を与えないことが多い。
[3] 後に置かれた実質的な主語名詞（ここではkeiner）を予告する仮の主語。

die Achseln zucken / mit den Achseln zucken

肩をすくめる

① Als die Mutter nach den Leistungen fragte[1], **zuckte** das Kind nur **die Achseln**.

母親が成績のことを尋ねるとその子供は**肩をすくめた**だけだった。

② Auf die Frage des Schülers **zuckte** der Lehrer nur **die Achseln**.

生徒の質問に教師は**肩をすくめる**だけだった。

③ Er beschwerte sich sofort, doch[2] der Beamte[3] **zuckte** nur **die Achseln**.

彼はすぐさま苦情を言ったが役人は**肩をすくめた**だけだった。

④ Trotz meiner Bitte hat sie nur **mit den Achseln gezuckt**.

私が頼んでいるにもかかわらず彼女はただ**肩をすくめた**だけだった。

---

[1] nach+3格 fragen …³のことを尋ねる
[2] このdochは並列の接続詞で語順に影響を与えない。
[3] der Beamte 形容詞変化 公務員 女性形 Beamtin

4格 außer Acht lassen

…⁴ を気にかけない、…⁴ を顧みない

① Einen so kleinen Fehler können wir ruhig[1] **außer Acht lassen**.

そんな些細なミスは**気にかけなく**てもよい。

② Wir dürfen nicht **außer Acht lassen**, dass das Kind seit einer Woche in der Schule fehlt.

私たちはその子供が1週間前から学校に来ていないということを**無視して**はならない。

③ Wollen Sie **außer Acht lassen**, dass der Täter sich selbst gestellt hat?

犯人が自首したことをあなたは**無視する**つもりですか？

④ Dass der Schüler ein gutes Referat gehalten hatte[2], **ließ** der Lehrer leider völlig **außer Acht**.

生徒がよい研究発表をしたことを教師は残念ながら完全に**無視した**。

関連表現

sich⁴ vor+3格 in Acht nehmen …³に気をつける
Nehmen Sie sich bitte vor Grippenviren **in Acht**!
インフルエンザウィルスに**気をつけて**ください。

---

[1] ruhig 副詞「安心して、気にしないで」。命令文や要求を表す話法の助動詞の文で用いられる。
[2] gehalten hatte 過去完了、主文は過去のことが多い。

von+3格 keine Ahnung haben

…³ について何も知らない

① Ich **habe keine Ahnung von** Musik.
   私は音楽のことは**何もわからない**。

② Ich **habe keine Ahnung**, wie viel Trinkgeld[1] man in diesem Fall gibt.
   こんな場合にはどれくらいチップを払えばいいのか**さっぱりわからない**。

③ Meine Frau **hat** leider **keine Ahnung von** Fußball.
   私の妻は残念ながらサッカーのことは**ちんぷんかんぷんだ**。

④ Er **hat keine Ahnung**, wie er gestern nach Hause gekommen ist.
   彼は昨日どうやって家に帰ってきたのか**少しもわかっていない**。

---

[1] wie viel Trinkgeld（どれだけのチップ）がgebenの目的語。vielにはふつう格語尾はつかないが複数1格・4格の名詞の前ではvielもvieleも可能である。

in Aktion sein
活動している

① Schon früh am Morgen **sind** viele Tiere **in Aktion**.
朝早くにもう多くの動物が**活動している**。

② Wenn die Studenten **in Aktion sind**, wird es[1] in den Räumen laut.
学生たちが**活動していれば**教室はやかましくなる。

③ Auf der Party gestern **war** mein Freund voll **in Aktion**. Er hat alle zum Lachen gebracht[2].
きのうのパーティーで私の友人はフルに**活動した**。彼はみんなを笑わせた。

④ **Ist** die Werbekampagne schon **in Aktion**?
— Nein, sie beginnt erst nächste Woche.
宣伝キャンペーンはもう**始まっています**か？ーいいえ、来週からです。

関連表現

in Aktion treten 行動を起こす
　Jetzt ist es der günstigste Zeitpunkt. Wir sollten **in Aktion treten**.
　今がいい潮時だ。われわれは**行動を起こす**べきだ。

---

[1] 形式的な主語。
[2] 4格 zum Lachen bringen …4を笑わせる

alles in allem
要するに、全体として

① **Alles in allem** ist unsere Firma in den roten Zahlen.
結局のところ、わが社は赤字だ。

② **Alles in allem** hat er für seine Forschung an dem Projekt drei Jahre gebraucht.
結局、彼はそのプロジェクトの研究に3年を費やした。

③ **Alles in allem** mussten wir für den Umzug 3.000[1] Euro ausgeben.
すべてひっくるめてわれわれは引っ越しに3000ユーロ使わなければならなかった。

④ Das Ergebnis unserer Arbeit ist noch nicht perfekt, aber **alles in allem** sind wir zufrieden.
われわれの仕事の結果はまだ完璧ではないが**全体としては**満足だ。

関連表現

vor allem　とりわけ、特に
　Vor allem leiden[2] die alten Leute unter der Einsamkeit.
　特に老人たちが孤独に悩んでいる。

---

[1] 3 000と書いてもよい。4桁以上の数は3桁ごとの数字の間隔を空けるか、位取りの点（.）を打つ。
[2] unter+３格 leiden　…³で悩む

im Allgemeinen
一般に

① Sowohl[1] Japaner als auch Deutsche sind **im Allgemeinen** fleißig.

日本人もドイツ人も**一般的に**勤勉である。

② Die Englischkenntnisse der Deutschen sind **im Allgemeinen** recht gut.

ドイツ人の英語の知識は**全体的に**なかなか良い。

③ **Im Allgemeinen** braucht man mehrere Jahre, um sich hier einzuleben[2].

ここに住み慣れるには**大方**多くの年月を要する。

④ **Im Allgemeinen** interessieren sich die Studierenden kaum für Politik.

大体において学生たちはほとんど政治には興味がない。

---

[1] sowohl ... als (またはwie) [auch] ...　…も…も
[2] sich⁴ [場所] einleben　[新しい環境などに]慣れる

an sich / an und für sich
それ自体は

① Der Plan ist **an sich** ausgezeichnet, aber es ist schwer ihn zu verwirklichen.

この計画**自体は**素晴らしいが実現するのは困難だ。

② Sie ist **an sich** ganz hübsch, nur kleidet sie sich unvorteilhaft.

彼女**自身は**とてもかわいいのだが、着ている服がださい。

③ **An sich** spielt dieser Fußballspieler hervorragend, doch der Trainer setzt ihn nur selten ein.

このサッカー選手**自身は**卓越した能力の持ち主なのに、監督は彼をめったに使わない。

④ Dieses Stadtviertel ist **an und für sich** sehr verkehrsgünstig, nur eine Straßenbahn gibt es leider nicht.

この地区**自体は**非常に交通の便がよいのだが、残念ながら市街電車がない。

unter anderem / unter anderen[1]

とりわけ

① In dieser Oper singen viele bekannte Tenöre, **unter anderen** auch Pavarotti.

このオペラでは多くの有名なテノール歌手が歌う、**とりわけ**パヴァロッティが。

② Er hat für seine Filme viele Preise erhalten, **unter anderem** den Goldenen Bären.

彼は彼の映画で多くの賞を、**とりわけ**金熊賞を受賞した。

③ Der Minister hat **unter anderem** von seiner Auslandsreise gesprochen.

大臣は**そのほか**外遊の話もした。

④ Er hat[2] **unter anderen** seinem Lehrer viel zu verdanken.

彼は**とりわけ**先生に大変お世話になっている。

---

[1] 一般的に、unter anderemは事物について、unter anderenは人について用いられる。

[2] haben + zu不定詞 〜しなければならない (→ 160)

015

von Anfang bis Ende
はじめから終わりまで

① Der Vortrag war **von Anfang bis Ende** sehr anregend.
その講演は**はじめから終わりまで**非常に示唆に富むものだった。

② Die Party war **von Anfang bis Ende** furchtbar langweilig.
そのパーティーは**はじめから終わりまで**ひどく退屈だった。

③ Der Lehrer ärgerte sich, weil er der Schülerin nochmals alles **von Anfang bis Ende** erklären musste.
教師はその女子生徒にもう一度すべてを**一から**説明しなければならなかったので、腹を立てた。

④ Unsere Reise nach Mexiko war **von Anfang bis Ende** ein komplettes Fiasko[1].
われわれのメキシコ旅行は**はじめから終わりまで**完全に失敗だった。

関連表現

von Anfang an　はじめから
　Diese Maschine war **von Anfang an** nicht in Ordnung[2].
　この機械は**はじめから**調子がよくなかった。

den Anfang machen　まっ先に始める
　Wer **macht den Anfang**?
　だれから**先に始めます**か？

---
[1] Fiasko ［フィアスコ］大失敗
[2] in Ordnung sein　問題ない、正常である（→ 245）

auf+ 4格 angewiesen sein

…⁴ を頼りにしている、当てにしている

① Der faule Sohn **ist** finanziell noch **auf** seine Eltern **angewiesen**.

その怠け者の息子はまだ経済的に親を**頼りにしている**。

② Sie **sind auf** mich **angewiesen**.

彼らは私を**頼りにしている**。

③ Wenn man auf dem Land wohnt[1], **ist** man[2] meist **auf** das Auto **angewiesen**.

田舎に住むと、たいていは車に**頼らざるを得ない**。

④ Ich kann die Tickets allein besorgen. Ich **bin** nicht **auf** deine Hilfe **angewiesen**.

私は自分でチケットを手配できる。私は君の助力を**必要**とはしない。

---

[1] auf dem Land [e] wohnen　田舎に住む
[2] man は er などで受けることができず、man をくり返す。

4格 in Angriff nehmen

…⁴ に着手する

① Die Journalistin **nahm** die Recherche[1] für ihren Artikel schon früh **in Angriff**.

そのジャーナリストは彼女の記事のための調査にもう早くから**取りかかっていた**。

② Die Arbeit wird bald **in Angriff genommen**.

その仕事はまもなく**着手される**。

③ Wenn du den Text rechtzeitig abgeben willst, musst du ihn jetzt bald **in Angriff nehmen**.

もし君がテキストを遅れずに提出するつもりなら、今すぐに**取りかから**なければならない。

④ Den traditionellen Frühjahrsputz werden wir nächste Woche[2] **in Angriff nehmen**.

恒例の春の大掃除に私たちは来週**取りかかる**つもりだ。

---

[1] Recherche [レシェルシェ] 調査、研究
[2] nächste Woche いわゆる4格の副詞的用法。

auf+ 4格 ankommen

…⁴ 次第である

① Es **kommt auf** das Wetter **an**, ob wir morgen abreisen können.

あす旅立てるかどうかは天候**次第**だ。

② Das **kommt** dar**auf an**.

それは**場合によりけり**だ。

③ Es **kommt auf** seine Eltern **an**, ob er an der Reise teilnehmen[1] darf.

彼が旅行に参加できるかどうかは彼の両親**次第**だ。

④ Ob die Firma den Auftrag erhält, **kommt auf** die morgige Präsentation **an**.

会社が依頼を受けるかどうかは明日のプレゼン**次第**だ。

関連表現

es[2] kommt auf+ 4格 an …⁴が重要である
Auf das Geld **kommt es** nicht **an**.
お金のことは**問題**ではない。

---

[1] an+ 3格 teilnehmen …³に参加する
[2] このesは非人称熟語の主語で省略できない。

4格 zum Anlass nehmen

…⁴ をきっかけにする、口実にする

① Er **nahm** das Gespräch **zum Anlass**, Verbindungen herzustellen.

彼はその会談をコネをつけることに**利用した**。

② Die Politikerin **nahm** die letzte Sitzung **zum Anlass**, ihren Ausstieg bekannt zu geben[1].

その女性政治家はこの前の会議を彼女の脱退を公表する機会に**利用した**。

③ Die Firma **nahm** die Schwangerschaft der Arbeitnehmerin **zum Anlass**, ihr zu kündigen[2].

会社は女性従業員の妊娠を彼女を解雇する**口実にした**。

④ Das Schauspielerpaar **nahm** die Preisverleihung **zum Anlass**, ihre Verlobung zu verkünden.

その俳優のカップルは授与式を彼らの婚約発表の**場にした**。

---

[1] 4格 bekannt geben …⁴を公表する
[2] 3格 kündigen …³に解雇を通告する

dem Anschein nach / allem Anschein nach

見たところ、どうやら

① **Allem Anschein nach** sind sie schon abgereist.

どうやら彼らはすでに旅立ったらしい。

② Sie hat **dem Anschein nach** keine guten Chancen auf eine Anstellung.

彼女はどうやら職に就くよい機会に恵まれないらしい。

③ Wir haben uns **dem Anschein nach** auf der Autobahn verfahren[1)].

私たちはどうやら高速道路で道を間違えたようだ。

④ **Dem Anschein nach** ist der Sammler nicht am Verkauf seiner Bilder interessiert[2)].

見たところ収集家は自分の絵を売ることには興味がないようだ。

[1)] sich⁴ verfahren （車で）道に迷う
[2)] an+3格 interessiert sein …³に興味がある

im Anschluss an + 4格

…⁴に引き続いて

① **Im Anschluss an** die Präsentation fand eine Diskussion statt.
プレゼンテーション**に引き続いて**討論が行われた。

② **Im Anschluss an** den Restaurantbesuch gingen wir noch in eine Karaoke-Bar.
レストランに行った**あと引き続き**私たちは、カラオケにも行った。

③ **Im Anschluss an** die Stadtbesichtigung haben alle Reisenden[1] die Möglichkeit zu einem Besuch im Souvenirladen.
市内観光**に引き続き**すべての旅行者は土産物店に立ち寄ることができる。

④ Die Auswahl der Bewerber haben wir **im Anschluss an** die Vorstellungsgespräche geplant.
面接**に引き続いて**われわれは応募者の選抜を計画した。

---

[1] reisenの現在分詞 reisend の名詞的用法。
 ein Reisender ひとりの男の旅行者
 der Reisende その男の旅行者

seiner[1] Ansicht nach / nach seiner Ansicht

…の考えでは

① **Meiner Ansicht nach** wird die wirtschaftliche Lage immer[2] schlimmer.

私の考えでは経済の状況はますます悪化する。

② **Nach ihrer Ansicht** ist die Erderwärmung ein drängendes Problem.

彼らの考えでは地球温暖化は緊急の問題である。

③ **Seiner Ansicht nach** trägt seine Frau die Schuld[3] am Scheitern ihrer Ehe.

彼は、妻に自分たちの結婚の失敗の責任があると**考えている**。

④ Die Skiläuferin kann **nach seiner Ansicht** schon nächste Woche wieder am Training teilnehmen.

その女性スキーヤーは**彼の考えでは**来週にはまた練習に参加できる。

関連表現

der Ansicht sein …という考えである
　Die Politiker **sind der Ansicht**, dass die Verbrauchsteuer erhöht werden soll.
　政治家たちは消費税を上げなければならないと考えている。

---

[1] seinerの部分には意見や考えの持ち主を表す所有冠詞が用いられる。
[2] immer　比較級と用いられて「ますます、いっそう」の意味になる。
[3] die Schuld an+ 3格 tragen　…³に対する責任がある（→ 277）

4格 in Anspruch nehmen

…⁴ を必要とする

① Diese Arbeit **nimmt** sehr viel Zeit **in Anspruch**.
この仕事には非常に多くの時間が**必要だ**。

② Wir können kaum abschätzen, wie viele Mitarbeiter das Projekt **in Anspruch nehmen** wird.
われわれはそのプロジェクトがどれほど多くの協力者を**必要とする**か、ほとんど推定することはできない。

③ Die Babypflege **nahm** die junge Mutter ganz **in Anspruch**.
赤ん坊の世話はその若い母親をかなり**煩わせた**。

④ Die Beschäftigung mit[1] Sozialen Netzwerken[2] **nimmt** täglich viel Zeit **in Anspruch**.
ソーシャルネットワークへの取組みは日々多くの時間を**必要とする**。

---

[1] Beschäftigungはもとになった動詞のbeschäftigenの用法を受け継いで前置詞mitと結びつく。
[2] das Sozial Netzwerk　ソーシャルネットワーク

Anstalten machen
…しようとする

① Die Kinder **machten** keine **Anstalten**, nach Hause zu gehen.
子供たちはいっこうに家に帰ろう**とは**し**なかった。

② Der Angeklagte **machte** keinerlei **Anstalten**, sich bei seinem Opfer zu entschuldigen[1].
その被告人は犠牲者に決して謝罪**しようとは**しなかった。

③ Sie lag bis zum Mittag im Bett[2] und **machte** keine **Anstalten** aufzustehen.
彼女は正午まで寝ていて、いっこうに起き**ようとは**しなかった。

④ In einem unbeobachteten Moment **machte** der Hund **Anstalten**, den ganzen Kuchen zu fressen.
誰も見ていないすきに、犬はそのケーキを全部食べよう**とした。**

---

[1] sich⁴ bei+3格 entschuldigen …³に謝る
[2] im Bett liegen ベッドに寝ている

Anstoß erregen
不快にさせる

① Der Vortrag **erregte** bei vielen Zuhörern **Anstoß**.
その講演は多くの聴衆を**不快にさせた**。

② Solange es in der Nachbarschaft **keinen Anstoß erregt**, darf man ruhig im Garten grillen.
ご近所に**迷惑でなければ**、庭で気兼ねなくバーベキューができる。

③ Der Zeitungsartikel **erregte** bei den Lesern so heftigen **Anstoß**, dass[1] die Redaktion sich entschuldigen musste.
その新聞記事は編集局が謝罪しなければならないほど読者の**感情を**大いに**害した**。

④ **Anstoß erregende** Aussagen sollte[2] man von vornherein[3] unterlassen.
不快にさせるような発言は、はじめからやめておいたほうがよい。

関連表現

an+[3格] Anstoß nehmen　…³を不快に思う
　Die Teilnehmer **nahmen Anstoß an** seinem Benehmen.
　参加者は彼の態度を**不快に思った**。

---

[1] so 形容詞 / 副詞, dass ...　あまりに～で…　(➔ **286**)
[2] sollenの接続法第2式「～したほうがよい」。
[3] von vornherein　はじめから

an+ 3格 Anteil nehmen

…³ に関心を持つ、同情する

① Sie **nimmt an** der Politik regen **Anteil**.
彼女は政治に積極的な**関心を抱いている**。

② **Am** Schicksal der Flüchtlinge **nimmt** unsere Nation großen **Anteil**.
亡命者の運命にわれわれの国家が大きく**関与している**。

③ **An** solch unlauteren[1] Wettbewerbsmethoden sollte unsere Firma keinen **Anteil nehmen**.
そんな不正な競合方法にわれわれの会社は**関与しない**。

④ Die ganze Stadt **nahm an** der Trauer[2] um den getöteten Regimekritiker tiefen **Anteil**.
街中が体制批判家が殺された悲しみに深く**同情した**。

---

[1] An solch unlauter*en* anの格支配を受けて複数3格の語尾がついている。
[2] die Trauer um+ 4格 …⁴の悲しみ

Anwendung finden / erfahren
用いられる、適用される

① Die neue Vakzine **fand** eine weltweite **Anwendung**.
その新しいワクチンは世界中で**用いられた**。

② Zwar[1] existiert in diesem Land die Todesstrafe, aber sie **findet** kaum **Anwendung**.
この国には確かに死刑は存在するが、ほとんど**適用されて**いない。

③ Dopingtests für Sportler **finden** heute weltweit **Anwendung**.
スポーツ選手のドーピング検査は今日世界中で**適用されている**。

④ Früher mussten Lebensläufe mit der Hand geschrieben werden[2], aber heute **findet** das kaum mehr **Anwendung**.
以前は履歴書は手書きだったが、今日ではもはやほとんど**用いられ**ない。

関連表現

4格 in / zur Anwendung bringen …⁴を用いる、適用する
Ihre Erfindungen konnten mit Erfolg **in Anwendung gebracht** werden.
彼らの発明はうまく**実用化される**ことができた。

---

[1] zwar ..., aber ...　確かに…であるが、しかし…
[2] 「書かなければならなかった」話法の助動詞＋受動態の構造が非常に多く用いられる。

4格 zur Anzeige bringen

…⁴ を訴える、…⁴ を告発する

① Einen so schweren Betrug sollte man **zur Anzeige bringen**.

そのような悪質な詐欺は**警察に訴える**べきだ。

② Man braucht[1] nicht jeden Nachbarschaftsstreit gleich **zur Anzeige** zu **bringen**.

すべての近隣問題をすぐに**警察に訴える**必要はない。

③ Erst nachdem die Sache **zur Anzeige gebracht** wurde, hat sich die Polizei darum gekümmert[2].

事件が**告発されて**から、ようやく警察は取りあってくれた。

④ Der Autor drohte, das Plagiat **zur Anzeige** zu **bringen**.

その作家は盗作を**訴える**と脅かした。

---

[1] brauchen　nichtおよびzu不定詞句と用いられ、「…する必要はない」。
[2] sich⁴ um+ 4格 kümmern　…⁴の面倒をみる（→ **196**）

Arm in Arm
互いに腕を組んで

① Sie gingen **Arm in Arm** auf der Straße.
  彼らは**腕を組んで**通りを歩いて行った。

② Manchmal sieht man auch ältere[1] Paare **Arm in Arm** durch die Stadt gehen.
  中年の夫婦がときおり**腕を組んで**街を歩いているのを見かける。

③ Die betrunkenen Fußballfans marschierten **Arm in Arm**.
  酔っ払ったサッカーファンたちが互いに**腕を組んで**練り歩いた。

④ Nachdem sie sich wieder vertragen hatten, gingen sie **Arm in Arm** nach Hause.
  彼らは再び仲直りした後で、**腕を組んで**家に帰った。

関連表現

4格 auf den Arm nehmen …4をからかう
  Seine Kollegen **nahmen** ihn oft **auf den Arm**.
  彼の同僚は彼をよく**からかった**。

---

[1] いわゆる絶対比較級で、「より年とった」ではなく「比較的年をとった」。

030

außer Atem kommen / geraten
息を切らす

① Beim 100-Meterlauf **kam** ich schon nach 80 Metern[1] **außer Atem**.
100メートル競走で私はもう80メートルほどで**息が切れた**。

② Durch meine Herzschwäche **komme** ich schnell **außer Atem**.
心臓が悪くて私はすぐに**息が切れる**。

③ Mein Großvater ist noch rüstig und **gerät** auch auf langen Spaziergängen nicht **außer Atem**.
私の祖父はいまだかくしゃくとしており、長い散歩をしても**息が切れる**ことはない。

④ Da sich die Kinder heute weniger bewegen, **geraten** sie im Sportunterricht schnell **außer Atem**.
今どきの子供たちは運動量が少ないので、体育の授業ですぐに**息を切らす**。

---

[1] Meternの語尾のnは省略可能。

Auf und Ab

浮き沈み

① Ich teile mit ihm das **Auf und Ab** des Lebens.

   私は彼と人生の**浮き沈み**を共にしてきた。

② Das sanfte **Auf und Ab** der Wellen ließ[1)] die Kinder schnell einschlafen.

   穏やかな波の**上下の揺れ**が子供たちをすぐに眠りに誘った。

③ Das **Auf und Ab** seines Lebens wurde in seiner Biographie überaus spannend geschildert.

   彼の人生の**浮き沈み**が伝記の中では極めてドラマチックに描かれていた。

④ Es ist das einzigartige **Auf und Ab** des Schicksals, das einen Menschen prägt.

   ひとりの人間をつくり上げるのは、運命の比類なき**盛衰**である。

[1)] ließ　使役の助動詞lassenの過去。
　　lassenは話法の助動詞と同様、zuのない不定詞を文末に置いて枠構造を作る。

4格 auf+4格 aufmerksam machen

…⁴ に…⁴ を気づかせる

① Er **machte** mich dar**auf aufmerksam**, dass ich meine Tasche im Restaurant hatte liegen lassen[1].

彼は私にレストランでバッグを置き忘れたことを**気づかせてくれた**。

② Hast du ihn dar**auf aufmerksam gemacht**, dass er dieses Wort immer falsch ausspricht?

君は彼に彼がこの単語をいつも間違って発音していることを**注意したのか**？

③ Der Dirigent **machte** den Musiker dar**auf aufmerksam**, dass sein Instrument nicht gestimmt war.

指揮者はその楽団員に彼の楽器の音が合っていなかったことを**指摘した**。

④ Ich möchte Sie dar**auf aufmerksam machen**, dass Sie im Verzug mit der Miete sind[2].

家賃の滞りがあることをあなたに**ご注意申し上げたい**。

関連表現

auf+4格 aufmerksam werden …⁴に気づく
  Auch Japaner sind langsam **auf** die Umweltprobleme **aufmerksam geworden**.
  日本人も次第に環境問題に**注意を向け**始めた。

---

[1] hatte liegen lassen 語順に注意が必要。二重不定詞（動詞の不定詞＋不定詞と同形の話法の助動詞やlassenの過去分詞）は必ず文末に置かれる。
[2] mit+3格 im Verzug sein …³が滞っている

für+ 4格 ein Auge haben

…⁴ を見る目がある

① Er hat **ein Auge für** Kunstgegenstände.

彼は美術品を**見る目がある**。

② Glaub[1]) mir, das Gemälde ist wertvoll! Da**für habe** ich **ein Auge**.

ねえ信じて、その絵は価値が高いって！私は**見る目がある**んだから。

③ Sie **hat ein Auge für** Antiquitäten, da schon ihr Vater ein Sammler war.

彼女は父親が収集家だったので、アンティークのことが**よくわかる**。

④ Leider **habe** ich **kein** gutes **Auge für** Schmuck und weiß nicht, was gut zu welcher Kleidung passt[2]).

残念ながら私はアクセサリーを**見る目がない**し、どの洋服に何が合うのかわからない。

関連表現

unter vier Augen　二人だけで
　Ich möchte mit Ihnen **unter vier Augen** sprechen.
　私はあなたと**二人だけ**で話がしたい。

große Augen machen　目を丸くする
　Als sie den Mann sah, **machte** sie **große Augen**.
　その男を見たとき、彼女は**目を丸くした**。

---

[1]) Glaub　glaubenのduに対する命令形。
[2]) zu+ 3格 passen　…³に似合う

(📢) 034

jeden Augenblick
今にも

① Die Gäste können **jeden Augenblick** kommen.
今にもゲストが来るかもしれない。

② Es kann **jeden Augenblick** anfangen zu regnen[1] – der Himmel ist schon ganz dunkel.
今にも雨が降りそうだ ― 空がもうすっかり暗くなっている。

③ Sie sah aus, als wolle[2] sie **jeden Augenblick** anfangen zu weinen.
彼女は**今にも**泣き出しそうに見えた。

④ Das Musical wird **jeden Augenblick** beginnen.
ミュージカルは**今すぐにも**始まるでしょう。

関連表現

im Augenblick 目下のところ
　Ich bin **im Augenblick** sehr beschäftigt und kann dir nicht helfen.
　私は**今**とても忙しくて君を手伝うことができない。

im letzten Augenblick 時間ぎりぎりに
　Er kam **im letzten Augenblick**.
　彼は**時間ぎりぎりに**やって来た。

---
[1] zu不定詞は枠外配置される。もとの構造はEs fängt an zu regnen.（雨が降り始める）。③も同様。
[2] als ob / als wennの文においてobやwennが省かれるとその位置に動詞が来る。

4格 zum Ausdruck bringen

…⁴ を表現する

① Das Buch **brachte** das Interesse des Autors am 1.[1] Weltkrieg deutlich **zum Ausdruck**.

この本は著者の第一次世界大戦への関心をはっきりと**表している**。

② Der Bürgermeister **brachte** in der Rede seinen Dank **zum Ausdruck**.

市長はスピーチのなかで謝意を**表した**。

③ Dieses Foto **bringt** die Tragödie des Bürgerkriegs in Somalia[2] eindrucksvoll **zum Ausdruck**.

この写真はソマリアの内戦の悲劇を印象的に**表している**。

④ Lassen Sie mich nun **zum Ausdruck bringen**, was ich für meine Wahlheimat Frankreich empfinde.

私が第二の故郷フランスに対して感じていることを今ここで**述べさせて**ください。

関連表現

zum Ausdruck kommen …が現れる
　Eine Krise **kommt zum Ausdruck**.
　危機が**あらわになる**。

---

[1] erstenと読む。
[2] der Bürgerkrieg in Somalia　ソマリアの内戦

dem Aussehen nach
見たところ

① **Dem Aussehen nach** geht es ihm gut.
見たところ、彼は元気なようだ。

② **Dem Aussehen nach** ist sie Asiatin[1], aber sie ist in Deutschland geboren und aufgewachsen.
見たところ、彼女はアジア人だが、彼女はドイツで生まれ育った。

③ **Dem Aussehen nach** hätte man den Professor für einen Hippie halten[2] können.
見かけでは、その教授はヒッピーに間違われそうだった。

④ Korallen sind nur **dem Aussehen nach** Steine.
珊瑚は**見た目には**石のようだ。

---
[1] Asiatin アジア人（女性）　Asiat [男性弱変化名詞] アジア人（男性）
[2] [4格] für+[4格] halten …⁴を…と思う（→ 163）

nach außen hin
外面的に

① **Nach außen hin** wirkte[1] er ganz ruhig.

外見からは彼は落ち着き払っているように見えた。

② **Nach außen hin** wirkte die Stiefmutter sehr freundlich, doch im Innern war sie böse.

外見はその継母はとても親切そうな印象を与えたが、胸の内は悪人だった。

③ Die Hochschule machte **nach außen hin** einen imposanten Eindruck, doch im internationalen Ranking schnitt sie schlecht ab[2].

その大学は外見的には立派な印象を与えたが、国際的なランキングはおもわしくなかった。

④ Sein Benehmen war zwar **nach außen hin** höflich, doch damit konnte er den Richter nicht täuschen.

彼の振る舞いはなるほど外見では丁寧だったが、それでもって裁判官を欺くことはできなかった。

---

[1] wirken …に…の印象を与える（②も同様）
[2] abschneiden …の結果（成績）を収める

außer sich³ sein
われを忘れる

① Vor Zorn **war** ich **außer mir**.
怒りのあまり、私は**われを忘れていた**。

② Er **war außer sich** vor Entrüstung, als er die verbrannten Bücher sah.
彼は焼けてしまった書籍を見たとき、憤慨のあまり**取り乱した**。

③ Die Menschen in den Notunterkünften **sind** oft **außer sich** vor Verzweiflung.
仮設宿泊所にいる人たちは、絶望感から**取り乱す**ことがよくある。

④ Nach der Preisverleihung **war** der junge Regisseur[1] vor Glück ganz **außer sich**.
受賞後その若い監督は幸せのあまりすっかり**われを忘れていた**。

---

[1] Regisseur（男性の）監督　[女性形] Regisseurin

aufs Äußerste[1)]

極端に

① Vor der Eintrittsprüfung waren die Schüler **aufs Äußerste** aufgeregt.

入学試験を前にして生徒たちは**極めて**興奮していた。

② Bei der Pressekonferenz waren die Reporter **aufs Äußerste** gespannt.

記者会見でレポーターは**極度に**緊張していた。

③ Du solltest ihn nicht **aufs Äußerste** provozieren[2)].

君は彼を**極端に**挑発するべきではないよ。

④ Die lange Reise hatte sie **aufs Äußerste** angestrengt.

長旅で彼女は**ひどく**疲れ果てていた。

[1)] 副詞の絶対最上級の形で「極めて…に」の意。
[2)] 4格 provozieren …⁴を挑発する

4格 in Aussicht haben

…⁴ を得る見込みがある

① Sie **hat** eine neue Stellung **in Aussicht**.

彼女は新しい職に就け**そうだ**。

② Der in Finnland gedrehte Film[1] **hat** sogar eine Oscar-Nominierung **in Aussicht**.

そのフィンランドで撮影された映画は、オスカー賞にすらノミネートされる**見込みがある**。

③ Was für[2] Chancen **hättest** du ohne Abschluss überhaupt **in Aussicht**?

君は卒業もしないでそもそもどんな**チャンスを得られる**というのだ。

④ Der junge Physiker **hatte** gute Chancen auf den Nobelpreis **in Aussicht**.

その若い物理学者はノーベル賞受賞の**見込み**が十分あった。

関連表現

in Aussicht stehen　見込みがある
Dieses Jahr **steht** eine gute Ernte **in Aussicht**.
今年はよい収穫が**見込まれている**。

---

[1] in Finnland gedrehte の部分が drehen の過去分詞を基にして作られた冠飾句で、「フィンランドで撮影された」の意。
[2] was für ...　für のあとには [ein+] 名詞がくるが格は文中での働きによって決められる。

4格 auswendig lernen

…⁴ を暗記する

① Ich muss den langen Text **auswendig lernen**.

私はその長い台詞を**暗記し**なければならない。

② Der Pianist hat das Stück **auswendig gelernt** und spielt es ohne Noten.

ピアニストはその楽曲を**暗記して**楽譜なしで演奏した。

③ Sie hatte ihre Rede **auswendig gelernt**, bevor sie vor das Publikum trat[1)].

彼女は聴衆の前に出る前にスピーチを**暗記した**。

④ Was man an einem Tag **auswendig lernt**, vergisst man oft schon bald wieder.

一日で**覚えた**ことをすぐにまた忘れてしまうことがよくある。

[1)] vor+4格 treten …⁴の前に立つ
時制にも注意。副文がbevor＋過去なので主文の時制は過去完了になっている。

4格 für bare Münze nehmen

…[4] を真に受ける [1]

① Nicht alles, was[2] in der Zeitung steht, kann man **für bare Münze nehmen**.

新聞に載っていることをすべて**真に受ける**ことはできない。

② So etwas sollst du nicht **für bare Münze nehmen**.

そんなことを君は**真に受ける**ものじゃない。

③ Seine Lügengeschichten darfst du nicht **für bare Münze nehmen**.

彼の作り話を君は**真に受けて**はいけない。

④ Die Beamten **nahmen** die Aussage des Zeugen **für bare Münze** und ließen ihn laufen[3].

役人たちは目撃者の証言を**真に受けて**、彼を釈放した。

---

[1] もとの意味は「現金とみなす」
[2] 不定関係代名詞 was が中性の代名詞類（ここでは alles）を先行詞にとった例。
[3] [4格] laufen lassen …[4]を釈放する

auf+ 4格 bedacht sein

…⁴ に留意している

① Eine Privatschule muss dar**auf bedacht sein**, Skandalen aus dem Weg[1] zu gehen.

私立学校はスキャンダルを避けることに**留意し**なければならない。

② Er **ist** immer nur **auf** sich **bedacht**.

彼はいつも自分のことしか**考えない**。

③ Das Schauspielerehepaar **war** sehr dar**auf bedacht**, nichts Privates preiszugeben.

その俳優夫妻はプライベートなことを何一つ洩らさないようにとても**気をつけている**。

④ Das Institut **ist auf** eine strikte Geheimhaltung seiner Forschungsergebnisse **bedacht.**

研究所は彼の研究成果の厳格な機密保持を**心掛けている**。

関連表現

mit Bedacht / voll Bedacht　慎重に、よく考えて
　Der Ministerpräsident antwortete **mit Bedacht** auf die Fragen der Journalisten.
　首相は記者たちの質問に**慎重に**答えた。

ohne Bedacht　軽率に
　Er gab **ohne Bedacht** sein Jawort.
　彼は**軽々しく**承諾してしまった。

---

[1] 3格 aus dem Weg gehen　…³を避ける（➡ 331）

bei Bedarf
必要の際には

① **Bei Bedarf** können Sie nach dem Zimmerservice rufen[1].
必要の際にはあなたはルームサービスを呼ぶことができる。

② Die Firma kann **bei Bedarf** das Auto ausleihen.
会社は**必要の際には**その車を貸すこともできる。

③ Von den Erfrischungen kann man sich **bei Bedarf** ruhig etwas nehmen.
軽い飲み物はご遠慮なく**必要に応じて**お取りください。

④ **Bei Bedarf** werden an Bord[2] auch vegetarische Gerichte serviert.
機内では**必要な方に**ベジタリアン用のお料理もご用意しています。

関連表現

nach Bedarf 必要に応じて
　Sie können **nach Bedarf** ein Darlehen aufnehmen.
　必要に応じて融資を受けることができます。

---
[1] nach+3格 rufen …3を来るように呼ぶ
[2] an Bord 飛行機(船)に乗っている

zu seinem[1] Bedauern

…にとって残念なことには

① **Zu meinem Bedauern** muss ich Ihnen mitteilen, dass eine Umbuchung meiner Reservierung erforderlich ist.

申し訳ありませんが、予約を変更せざるを得ないことをお知らせいたします。

② **Zu ihrem Bedauern** war das Stück bereits abgesetzt worden.

彼女にとって残念なことには、その演目はすでに外されていた。

③ **Zu seinem Bedauern** musste er gestehen, dass sein Experiment gescheitert war.

実験が失敗したことを彼は**遺憾ながら**認めざるを得なかった。

④ **Zum großen Bedauern meiner Tante** schmeckte den Gästen der Kuchen nicht.

おばにとって残念だったのは、ケーキが客たちの口に合わなかったことだ。

---

[1] zuの後には残念な感情を抱く人物が所有冠詞で示される。また、④のように2格の付加語によって示される場合もある。

ohne Bedenken
ためらわずに

① Trotz aller Warnungen sprang der Junge **ohne Bedenken** ins Wasser.

あらゆる警告を無視してその少年は**ためらうことなく**水に飛び込んだ。

② Er hat **ohne Bedenken** meinen Vorschlag angenommen.

彼は**ためらうことなく**私の提案を受け入れてくれた。

③ Von all[1] diesen Speisen können Sie **ohne Bedenken** probieren.

これらの料理すべてを**ご遠慮なく**試食なさってください。

④ Das Leitungswasser in Deutschland kann man **ohne Bedenken** trinken.

ドイツの水道水は**何の懸念も抱くことなく**飲むことができる。

---

[1] 定冠詞や所有冠詞、あるいは指示代名詞の前に置かれる場合、しばしば語尾の付かないallの形が用いられる。またallの前のvonは「部分」を表し、「〜の中の」の意味がある。

🔊 047

im Begriff sein
まさに…しようとしている

① Ich **war** gerade **im Begriff**, das Zimmer zu verlassen.
私はちょうど部屋を出**ようとしていた**ところだった。

② Die Studierenden **waren** eben **im Begriff**, ihre Sachen einzupacken, als der Alarm ertönte.
学生たちは、チャイムが鳴ったときに、ちょうど彼らの持ち物を**しまおうとしていた**。

③ Als sie noch **im Begriff war**, ihren Mann anzurufen, stand er schon in der Tür[1].
彼女が夫に電話を**かけようとした**とき、彼はすでに戸口に立っていた。

④ Als der Kellner gerade **im Begriff war**, das Dessert zu servieren, stand der Gast auf und ging.
ウエーターがデザートを**出そうとした**ちょうどそのとき、客は席を立ち、出て行った。

関連表現

3格 ein Begriff sein …³に知られている
Dieser Name **ist** mir **kein Begriff**.
この名前は**聞いたことがない**。

---
[1] in der Tür stehen 戸口に立っている

4格 auf die Beine stellen

…⁴ を実現させる、やってのける

① Das Fest wurde von den Studenten **auf die Beine gestellt**.
そのお祭りは学生たちの力によって**実現した**。

② Obwohl er selbst nichts **auf die Beine stellen** kann, hält er sich für sehr erfolgreich.
彼は自分では**何も実現できていない**のに、自分自身はとても成功したと思っている。

③ Es ist nicht einfach, mit diesem geringen Budget[1] ein Fest **auf die Beine** zu **stellen**.
こんなわずかな予算で祭りを**実現させる**のは容易ではない。

④ Innerhalb kürzester Zeit hat die Hilfsorganisation ein Versorgungsprogramm **auf die Beine gestellt**.
最短時間で救援組織は援護プログラムを**立ち上げた**。

関連表現

3格 ein Bein stellen …³を陥れる
Die Opposition **stellte** ihm **ein Bein**.
反対派が彼を**陥れた**。

sich⁴ auf die Beine machen 出かける
Wir müssen **uns** langsam **auf die Beine machen**.
私たちはそろそろ**出かけ**なければならない。

---

[1] Budget [ビュジェー] 予算

4格 mit+3格 bekannt machen

…⁴ を…³ に紹介する

① Darf ich Sie **mit** Herrn Schmidt **bekannt machen**?

シュミットさんを**ご紹介いたします**。

② Der Bürgermeister hatte meine Großeltern **mit**einander **bekannt gemacht**.

市長は私の祖父母とお互いに**顔見知りだった**。

③ Er bat den Leiter des Filmfestivals, ihn **mit** den Mitgliedern der Jury **bekannt zu machen**.

彼は審査委員会のメンバーたちに彼を**紹介してくれる**よう映画祭の責任者に頼んだ。

④ Ich würde Sie morgen gern **mit** meinem Professor **bekannt machen**.

あなたを明日よろこんで私の指導教授に**紹介しましょう**。

関連表現

> 4格 mit+3格 bekannt machen …⁴に…³を知らせる
> Die Firma **machte** den Angestellten[1] **mit** den neuen Geschäftsordnungen **bekannt**.
> 会社は社員に新しい職務規定を**通達した**。

---

[1] den Angestellten（社員に）はanstellen（雇う）の過去分詞angestellt（雇われた）の名詞的用法で単数の4格。他動詞の過去分詞には受動で完了の意味がある。

ohne Belang sein / nicht von Belang sein

重要でない

① Das **ist** für uns **ohne Belang**.

それは私たちにとって**重要ではない**。

② Im Test wurden zwar[1] einige kleine Fehler gemacht, doch diese **waren** eher **ohne Belang**.

テストでは確かにいくつかのミスはあったものの、これくらいなら**大したことではない**。

③ Was wir in der Sitzung besprochen haben, **ist** für die Studierenden **nicht von Belang**.

われわれが会議で話したことは学生たちには**関係のないことだ**。

④ Der Arzt zählte viele Nebenwirkungen auf, doch für seine Operation **waren** sie **ohne Belang**.

医者は多くの副作用を挙げたが、彼の手術にとってそれらは**問題ではなかった**。

---

[1] zwar 後続のdochと呼応して「確かに…だがしかし…」。

über den Berg sein
危機を脱している

① Der Kranke **ist über den Berg**.
病人は**峠を越した**。

② Das Fieber ist gesunken, doch er **ist** noch lange nicht **über den Berg**.
熱は下がったが、彼はいまだ**峠を越えて**はいない。

③ Die Ärzte verkündeten erleichtert, dass ihr Patient endlich **über den Berg sei**[1].
医師たちは患者がようやく**峠を越えた**と安堵して告げた。

④ Bis die alte Dame **über den Berg ist**, wird es sicher noch eine Weile[2] dauern.
その老婦人が**危機を脱する**まで、きっとまだしばらくはかかるでしょう。

---

[1] verkünden（公表する）の内容を説明する間接話法で、seiはseinの接続法第1式。
[2] eine Weile　しばらくの間（4格の副詞的用法）

mit+ 3格 in Berührung kommen

…³と接触する

① In Berlin ist der Täter vielleicht **mit** ihm **in Berührung gekommen**.

ベルリンでたぶん犯人は彼と**接触した**。

② **Mit** Kindern aus der Arbeiterklasse kommen die Gymnasiasten[1] kaum **in Berührung**.

労働者階級の子供たちとギムナジウムの生徒たちが**交流する**ことはほとんどない。

③ Es machte den Eltern Sorgen[2], dass ihre Kinder **mit** Drogen **in Berührung kommen** könnten.

両親は彼らの子供たちが薬物と**接触する**のではないかと心配した。

④ Durch ihre Heirat ist sie erstmals **mit** dem jüdischen Glauben **in Berührung gekommen**.

結婚して初めて彼女はユダヤ教の信仰と**関わる**ことになった。

---

[1] Gymnasiast 男性弱変化名詞　ギムナジウムの生徒
弱変化はPräsidentやKommunistのように、人間を職業やイデオロギーによって区分した名称に多い。

[2] 3格 Sorgen machen　…³を心配させる

3格 **Bescheid geben**
…³ に知らせる

① Ich **gebe** Ihnen **Bescheid**, wenn ich in der Stadt ankomme.
町に着いたら**お知らせします**。

② **Geben** Sie mir bitte **Bescheid**, wenn Sie etwas über den Verbleib des Journalisten hören.
もしそのジャーナリストの所在について何かお聞きになったら**教えてください**。

③ Falls ich dir etwas aus Amerika mitbringen kann, **gib** mir bitte einfach **Bescheid**.
私が君にアメリカから買って来られるものが何かあれば、とにかく**知らせてくれ**。

④ Ich hatte ihn gebeten, mir **Bescheid** zu **geben**, doch er hat sich nicht gemeldet.
私は彼に**知らせてくれる**ように頼んでいたが、彼からは音沙汰なしだった。

関連表現

3格 Bescheid sagen …³に知らせる
Sagen Sie mir bitte **Bescheid**, wenn Sie mit der Arbeit fertig[1] sind!
仕事がすんだら**お知らせください**。

Bescheid wissen 事情に詳しい
Wissen Sie in dieser Stadt **Bescheid**?
あなたはこの町に**詳しいですか**？

---

[1] mit+3格 fertig sein …³を終えている

von+ 3格 Besitz ergreifen (nehmen) / 4格 in Besitz nehmen

…を手に入れる

① Er **ergriff von** den Spenden **Besitz**.
彼は寄付金を**自分のものにしてしまった**。

② Eigentlich war es mein Fahrrad, doch mein Bruder hatte schnell da**von Besitz ergriffen**.
実際のところそれは私の自転車だったのに、私の弟がさっさと**自分のものにしてしまって**いた。

③ Sie hat das gesamte Vermögen des Vaters **in Besitz genommen**.
彼女は父親の全財産を**手に入れた**。

④ Vor Kurzem[1] haben sie die alte Villa **in Besitz genommen**.
ついこの間、彼らはその古い別荘を**手に入れた**。

---

[1] vor kurzemと小文字書きされることもある。(➡ 197)

sein Bestes tun
…の最善を尽くす

① Er hat **sein Bestes getan**.
彼は**最善を尽くした**。

② Wenn du **dein Bestes tust**, kannst du den Wettbewerb gewinnen.
ベストを尽くせば君はコンテストに勝つことができる。

③ Obwohl die Ärzte **ihr Bestes getan** hatten, konnten sie den Patienten nicht retten.
医師たちは**最善を尽くした**にもかかわらず、患者を救うことはできなかった。

④ Die Polizei **tat ihr Bestes**, um[1] die Demonstration aufzulösen.
警察はデモをやめさせるために**全力を尽くした**。

---

[1] um ... zu不定詞 …するために (目的を表す)

4格 in Betracht ziehen

…⁴ を考慮に入れる

① Wir sollen auch die Meinung der Studenten **in Betracht ziehen**.

われわれは学生たちの意見も**考慮に入れる**べきである。

② Hast du auch wirklich alle Möglichkeiten **in Betracht gezogen**?

君は本当にあらゆる可能性を**考えた**のかい？

③ Die Jury hatte auch die bisherigen Werke des Regisseurs **in Betracht gezogen**.

選考委員会は監督の今までの作品も**考慮に入れた**。

④ Zur Bewertung¹⁾ seines Rekords muss man **in Betracht ziehen**, dass er zum ersten Mal an den Paralympics teilnahm.

彼の記録の評価には、彼が初めてパラリンピックに出場したことを**考慮に入れな**ければならない。

関連表現

4格 außer Betracht lassen …⁴を考慮しない
Lassen wir das jetzt **außer Betracht**!
このことは今は**無視しよう**。

in Betracht kommen 問題になる
Das **kommt** nicht **in Betracht**.
それは**問題にならない**。

---

¹⁾ zur Bewertung 評価するために（zuは目的・意図を表す）

057

außer Betrieb sein
運転していない、休業している

① Die Fabrik **ist außer Betrieb**.
その工場は**操業していない**。

② Der Getränkeautomat in der U-Bahnstation **ist** schon seit Wochen[1)] **außer Betrieb**.
地下鉄の駅にある飲み物の自動販売機は数週間前から**動いていない**。

③ Es ärgert mich, dass die Rolltreppe im Einkaufszentrum so oft **außer Betrieb ist**.
ショッピングセンターのエスカレーターがよく**止まっている**のに私は腹が立つ。

④ Wenn der Geldautomat **außer Betrieb ist**, musst du das Geld am Schalter abheben.
ATM が**使用中止**の場合、君は窓口でお金を引き出す必要がある。

関連表現

in Betrieb sein　運転中である、営業中である
　Die Maschine **ist** immer noch nicht **in Betrieb**.
　その機械はいまだに**用いられて**いない。

4格 in Betrieb nehmen　…⁴の運転を開始する
　Der Aufzug wurde erst gestern **in Betrieb genommen**.
　エレベーターはきのう**動き始めた**ばかりだ。

[1)] seit Wochen　何週間も（前から）

🔊 **058**

4格 in Bewegung setzen
…⁴ を動かす

① Er konnte den Motor **in Bewegung setzen**.
彼がそのエンジンを**動かす**ことができた。

② Unsere Bürgerinitiative hat politisch viel **in Bewegung gesetzt**.
われわれの市民運動は政治的に多くを**動かしてきた**。

③ Ohne Starthilfe wirst du das Auto kaum **in Bewegung setzen können**[1].
始動援助なしで君はたぶんその車を**動かす**ことはできないだろう。

④ Der Bürgerkrieg in Syrien hat eine riesige Flüchtlingswelle[2] **in Bewegung gesetzt**.
シリアの内戦はものすごい数の難民の波を**起こした**。

関連表現

sich⁴ in Bewegung setzen　動き出す
　Der Zug **setzte sich in Bewegung**.
　列車は**動き出した**。

---

[1] 話法の助動詞と未来の助動詞とが組み合わされた構造。「ほとんど動かすことはできないだろう」、kaumは「ほとんど…ない」。
[2] die Flüchtlingswelle = der Flüchtling（避難民）+ die Welle（波）

zum Beweis
証拠として

① **Zum Beweis** der Dankbarkeit wurde ein Auto geschenkt.
感謝の**しるしとして**車が贈られた。

② **Zum Beweis** seiner Liebe schenkte der Prinz dem Mädchen einen Ring.
彼の愛の**証として**、王子は少女に指輪を贈った。

③ Hier ist mein Zeugnis **zum Beweis**: Ich bin kein schlechter Schüler!
ここに**証拠として**私の成績証明書があります。私は出来の悪い生徒ではありません。

④ Damit[1] ihr alle glaube würden, hatte sie **zum Beweis** einige Fotos gemacht.
みんなが自分を信じてくれるように、彼女は**証拠として**数枚の写真を撮っていた。

---

[1] damit ここでは従属の接続詞「…するために、…であるように」。

mit+ 3格 in Beziehung stehen

…³ と関連がある

① Ihr Austritt aus der Partei **steht mit** dem Gespräch in der letzten Woche **in Beziehung**.

彼女の党からの退会は先週の話し合いと**かかわりがある**。

② Ihre plötzliche Scheidung **stand mit** der Untreue ihres Mannes **in** gewisser **Beziehung**[1].

彼女の突然の離婚は、彼女の夫の不倫と大いに**関係があった**。

③ **Steht** seine Karriere in der Politik **in** irgendeiner **Beziehung mit** seiner Tätigkeit in der Wirtschaft?

政界での彼の出世は、経済界での彼の活動と何らかの**関係がある**のだろうか？

④ Die beiden politischen Ereignisse **stehen in keinerlei Beziehung mit**einander.

二つの政治的な事件は相互に**いかなる関係もない**。

関連表現

4格 zu+ 3格 in Beziehung bringen / setzen
…⁴を…³と関連づける

Den Rücktritt des Trainers kann man nicht **zur** Niederlage in der Vorrunde **in Beziehung setzen**.
監督の辞任と一次予選での敗北**を関連づける**わけにはいかない。

in jeder Beziehung すべての点で
Das Auto ist **in jeder Beziehung** zu empfehlen.
この車は**あらゆる点**で推薦できる。

---

[1] inとBeziehungの間にBeziehungを修飾する形容詞が挿入されることもある。ここでは「確かな関係」の意味。③と④も類似の用法。

in Bezug auf+ 4格

…⁴ に関して

① **In Bezug auf** den neuen Plan haben wir noch nichts vom Abteilungsleiter erfahren.

この新しい計画**に関して**私たちは部長からまだ何も聞いていない。

② Ich schreibe Ihnen heute **in Bezug auf** Ihre Bewerbung als Hotelkaufmann in unserem Hause.

本日私どもの会社にホテルマンとしてご応募されました**件につきまして**ご通知いたします。

③ **In Bezug auf** seine Qualitäten als Lehrer kann ich ihn wärmstens[1] empfehlen.

教師としての資質**に関して**、私は彼を強く推薦いたします。

④ Was haben Sie **in Bezug auf** dieses Problem bisher unternommen?

あなたはこの問題**に関して**今まで何を講じてきたのですか？

関連表現

auf+ 4格 Bezug nehmen …⁴に関連させる
  Bezug nehmend[2] **auf** Ihr Schreiben vom 10. April teile ich Ihnen mit, dass ich an der nächsten Hauptversammlung nicht teilnehmen kann.
  4月10日付の貴信**に関して**、次の株主総会には出席できない旨ご連絡いたします。

---

[1] wärmstens （何かを勧めるときなどに）強く、大いに
[2] Bezug nehmend　nehmenを現在分詞にして用いた、文書に特徴的な用法である。

wie vom Blitz getroffen[1)]

肝をつぶして

① **Wie vom Blitz getroffen** stand er da.

彼は**呆然自失して**そこに立ちつくしていた。

② Nach dem Wutausbruch des jungen Lehrers starrten ihn die Schüler **wie vom Blitz getroffen** an.

その若い教師の怒りの爆発の後、生徒たちは**びっくりして**彼をじっと見つめていた。

③ Er fühlte sich **wie vom Blitz getroffen**, als er seine Frau mit ihrem neuen Partner auf der Straße sah.

彼は妻が新しいパートナーといるのを通りで見かけた時、**あっけにとられた**。

④ **Wie vom Blitz getroffen** erkannte der Schalterbeamte die Pistole in der Hand des Bankräubers.

その窓口係は銀行強盗の手のピストルに気づいて、**肝をつぶした**。

[1)] 雷に打たれたように→肝をつぶして

in voller Blüte stehen
最盛期にある

① Die Wirtschaft in Japan **stand** damals **in voller Blüte**.
日本経済は当時**最盛期にあった**。

② In den 70er Jahren[1] **stand** der Folksong **in voller Blüte**.
70年代にはフォークが**全盛だった**。

③ Es sieht schön aus, wenn die Lavendelfelder[2] **in voller Blüte stehen**.
ラベンダー畑が**花盛り**の様はすばらしい。

④ Während der Prohibition **stand** der Schwarzhandel mit Alkohol **in voller Blüte**.
酒類製造販売禁止の間、アルコールの闇取引は**最盛期を迎えていた**。

---

[1] in den Siebzigerjahrenと読む。
[2] Lavendelfelder ラベンダー畑（= der Lavendel + das Feld）ここでは複数

an Boden gewinnen
勢力を増す

① Auch in Japan **gewann** die Umweltschutzbewegung allmählich **an Boden**.

日本でも環境保護運動が徐々に**浸透していった**。

② Trotz guter Wahlergebnisse in einigen Bundesländern konnte die Partei landesweit nicht genug **an Boden gewinnen**.

二三の連邦州での選挙結果はよかったものの、その党は国全体では十分に**勢力を増す**ことはできなかった。

③ Haben Sie mit Ihren Reformvorhaben schon **an Boden gewonnen**?

あなたの改革計画はすでに**地歩を固めましたか**？

④ Nach erbitterten Kämpfen gelang[1] es den Rebellen, endlich **an Boden** zu **gewinnen**.

激しい戦いの後、反対勢力はようやく**地盤を広げる**ことに成功した。

関連表現

an Boden verlieren 勢力を失う
　Diese Partei hat schon längst **an Boden verloren**.
　この政党はとっくに**力を失っている**。

---

[1] gelangはgelingenの過去。3格 gelingenで「…³にとってうまくいく、…³は成功する」(→ 136) の意味。完了の助動詞にはseinを用いる。

in einem Boot sitzen

運命を共にしている

① Wir **sitzen in einem Boot**.

私たちは**運命を共にしている**。

② Nach der missglückten Premiere **saßen** die Schauspieler und der Intendant **in einem Boot**.

初演が失敗に終わった後、俳優たちと総監督は**運命を共にした**。

③ Da wir nun ohnehin **in einem Boot sitzen**, sollten[1] wir lieber zusammenarbeiten.

私たちは今となってはどうせ**一蓮托生の身**なのだから、協力して働くほうがよいでしょう。

④ Gegen die Eltern **saßen** die Kinder und die Lehrer **in einem Boot**.

両親に対して子供たちと先生たちは**行動を共にした**。

---

[1] sollten 接続法第2式を用いた広義の推量を表す用法「…であるべきなのだが、…ならよいのだが」。この用法は意外と多い。

4格 in Brand setzen / stecken

…4 に火をつける

① Der Mann **steckte** das Haus des Bürgermeisters **in Brand**.
その男は市長の家に**放火した**。

② Weiß man schon, wer das Asylantenheim **in Brand gesteckt** hat?
誰が難民認定申請者の施設に**放火した**のかもうわかっているのだろうか？

③ Die Demonstranten hatten bereits etliche Autos **in Brand gesteckt**, als die Polizei endlich eintraf[1].
デモ参加者たちは、警察がようやく到着したときには、すでに数台の車に**放火していた**。

④ Als er im Bett rauchte, hat er einmal die Bettdecke **in Brand gesteckt**.
彼はベッドでタバコを吸ったとき、一度掛け布団を**燃やした**ことがある。

---

[1] 時制に注意。主文の内容が先に完了しているので、主文には過去完了、副文には過去が用いられている。

4格 dahingestellt sein lassen

…⁴ をそのままにしておく

① **Lassen** wir das Problem eine Weile **dahingestellt sein**.
この問題はしばらく**このままにしておこう**。

② Ob das möglich ist, wollen wir **dahingestellt sein lassen**.
それが可能かどうかは**問わないことにしよう**。

③ Ob sein Sohn wirklich ein Dieb ist, das **lassen** wir einmal **dahingestellt sein**.
彼の息子が本当に泥棒かどうかは、ちょっと**詮索しないでおこう**。

④ Ob der Streik morgen beendet sein wird[1], wollte die Gewerkschaft einmal **dahingestellt sein lassen**.
ストライキがあす終わっているかどうかについて、労働組合は今はまだ**結論を出したくない**ようだ。

> 関連表現
>
> dahingestellt sein / bleiben　未決定である
> 　Das **ist / bleibt dahingestellt**.
> 　それは**未決定である**。

---

[1] 状態受動 (beendet sein) に未来の助動詞 (werden) が結びついた構造。

darüber hinaus
その上、さらに

① Sie wurde aus der Partei ausgeschlossen, und **darüber hinaus** musste sie zurücktreten.

彼女は党から除名されたが、**そればかりか**辞職しなければならなかった。

② Die Verhandlungen laufen noch, und **darüber hinaus** wird der Presse keine Mitteilung gemacht.

交渉はまだ続いており、**その上**報道陣にも何ら報告はない。

③ Die Verletzten[1] wurden ins Krankenhaus eingeliefert, doch **darüber hinaus** wollten die Ärzte sich nicht äußern.

負傷者は病院に搬送された。**がしかし**、医師たちはコメントしようとはしなかった。

④ Alle Informationen, die **darüber hinaus** gehen[2], unterliegen[3] seiner Schweigepflicht als Anwalt.

さらに今後のあらゆる情報は弁護士としての彼の守秘義務に左右される。

---

[1] die Verletzten 負傷した人々(verletzen (けがをさせる)の過去分詞 verletzt の名詞的用法)
[2] gehen (物事が)伝わる、広まる
[3] 3格 unterliegen (…³に)左右される、影響を受ける

auf die Dauer
長い間には、結局は

① Das kann **auf die Dauer** nicht so weitergehen.
いつまでもそうはいかないだろう。

② **Auf die Dauer** fand er es anstrengend, jeden Tag für den Stadtmarathon zu trainieren.
毎日市民マラソンのために練習することを、**いつからか**彼は負担に思っていた。

③ Ihre Kartoffel-Diät wurde ihr **auf die Dauer** zu eintönig.
じゃがいもダイエットは彼女には**結局**単調すぎた。

④ Ohne Versorgung mit Hilfsgütern können die Belagerten[1] **auf die Dauer** nicht durchhalten.
救援物資の供給なしでは、包囲された人たちは**いつまでも**耐えることはできない。

---

[1] Belagerten　belagern（取り囲む、包囲する）の過去分詞belagertの名詞的用法。

3格 die Daumen drücken

…³ の成功を祈る

① Willst du ihr heute einen Heiratsantrag machen[1])? Ich **drücke** dir **die Daumen**!

きょう彼女にプロポーズするつもりなのか？**成功を祈る**よ。

② Für das morgige Spiel **drücke** ich dir fest **die Daumen**.

君があす試合に勝つことを心から**念じている**よ。

③ Nächste Woche habe ich die Aufnahmeprüfung. Da kannst du mir **die Daumen drücken**.

来週採用試験があるんだ。だから**応援して**よね。

④ Ich **drücke** dir **die Daumen**, dass du die Führerscheinprüfung diesmal schaffst[2]).

君が今度こそ運転免許試験に受かるよう**エールを送る**よ。

---

[1]) 3格 einen Heiratsantrag machen …³にプロポーズする
[2]) die Prüfung schaffen 試験に受かる

zur Debatte stehen

議論の対象となっている、討議されている

① Das **steht** nicht **zur Debatte**.

それは**議論の対象**外だ。

② Die moralische Komponente der Tierversuche **steht** hier nicht **zur Debatte**.

動物実験の道徳的な部分は、ここでは**討議の対象**になっていない。

③ Der neue Kurs der Regierung **steht** in ganz[1)] Japan **zur Debatte**.

政府の新しい方針が日本中で**議論されている**。

④ Ob der Hund reinrassig war oder nicht, **stand** bei der Kaufentscheidung nicht **zur Debatte**.

その犬が純血種だったかどうかということは、購入を決める際には何ら**問題**にはならなかった。

[1)] ganzは中性の地名の前ではふつう格語尾がつかず無冠詞で用いられる。

es sei denn
…でもない限り

① Er kommt bestimmt, **es sei denn**, dass er krank ist.
病気**でもない限り**彼はきっと来る。

② Wir machen heute ein Picknick, **es sei denn**, es regnet doch noch.
私たちはきょうピクニックに行きます、**もっとも**雨でも降れば**別ですが**。

③ Ich organisiere die Hochzeit allein, **es sei denn**, du hast etwas dagegen[1].
私はあなたが反対**でもしない限り**、ひとりで結婚式の準備をします。

④ Ich überweise das Geld morgen, **es sei denn**, dass nicht mehr genug auf dem Konto ist[2].
私は明日お金を送金します、口座に十分なお金が**ない場合は別ですが**。

---

[1] dagegenは「反対」、「賛成」はdafür。
[2] auf dem Konto sein 口座に預金がある

in allen Details
詳細に

① Von ihrem letzten Unfall haben sie **in allen Details** erzählt.
この前の事故について彼らは**詳細に**物語った。

② Er schilderte ihr seine Zeit in Neuseeland **in allen Details**.
彼は彼女にニュージーランドで過ごした時代を**詳しく**話して聞かせた。

③ Die Reportage zeigte die schrecklichen Szenen der Geiselnahme **in allen Details**.
そのルポタージュは人質誘拐のおぞましい光景を**細部にわたって**描いていた。

④ Was[1] an jenem Tag passierte, möchte ich gar nicht **in allen Details** erfahren.
あの日に起こったことを私は**詳しく**知りたいとは思わない。

関連表現

bis ins kleinste Detail　細大漏らさず
　Sie musste von ihrem Erlebnis **bis ins kleinste Detail** berichten.
彼女は体験したことを**細大漏らさず**報告しなければならなかった。

---
[1] 不定関係代名詞の4格、後続する主文の文頭に指示代名詞のdasが省略されている。

auf gut Deutsch
率直に言って

① **Auf gut Deutsch** gesagt[1], ist alles falsch, was[2] Sie gesagt haben.
率直に言えば、あなたが言ったことはすべて間違っている。

② **Auf gut Deutsch** gesagt, finde ich meinen neuen Nachbarn einfach unsympathisch.
はっきり言って私は越してきたばかりの隣人が気に入らない。

③ **Auf gut Deutsch**: Du hast die Papiere nicht vergessen, sondern verloren, stimmt's[3]?
率直に言うとだが、君は書類を忘れたんじゃなくて失くしたんじゃないのかい?

④ **Auf gut Deutsch**: Wir sind vollkommen pleite[4].
ざっくばらんに言うと、私たちは完全に破産したんだ。

---

[1] ①や②のようにgesagt (sagenの過去分詞) を添えることもある。
[2] 不定関係代名詞が中性の代名詞類 (ここではalles) を先行詞にとった例。
[3] stimmt's 本当なのか、そうなの (= Stimmt es?)
[4] pleite sein 一文なしである、破産している

guter Dinge sein
上機嫌である

① Sie **ist** immer **guter Dinge**.
彼女はいつも**機嫌がいい**。

② Was ist denn mit dir los[1] – du **bist** ja so **guter Dinge**?
君は一体どうしたんだ ― すごく**上機嫌**じゃないか。

③ Er wollte mir nicht gleich verraten, warum er so **guter Dinge war**.
どうして彼がそんなに**機嫌がよい**のかを彼は私にすぐには教えてくれなかった。

④ Meine Großmutter **ist** meistens **guter Dinge**, doch gestern hatte sie schlechte Laune.
私の祖母はたいてい**機嫌がよい**が、きのうは機嫌が悪かった。

関連表現

vor allen Dingen　とりわけ、何よりも
　Vor allen Dingen musst du auf die Gesundheit achten!
　何よりもまず健康に留意しなさい。

---

[1] los sein　何かが起きている、生じている

4格 zur Diskussion stellen

...⁴ を議題にする

① Ich möchte heute die Trennung des Mülls **zur Diskussion stellen**.

きょうはゴミの分別について**討論して**ほしいと思います。

② Als Nächstes[1] möchte ich **zur Diskussion stellen**, ob wir in ein neues Labor investieren sollten oder nicht.

次に私は私たちが新しい研究所に投資するべきか否かを**議題にしたい**と思います。

③ Weil der Abteilungsleiter die Entscheidung[2] nicht allein treffen wollte, **stellte** er sie bei der Vollversammlung **zur Diskussion**.

部長は決定をひとりで下すつもりがなかったので、それを全体会議の場で**議題にあげた**。

④ Da wir über diese Frage ausführlich sprechen müssen, möchte ich sie heute nicht mehr **zur Diskussion stellen**.

この問題については詳しく話す必要があるので、私はきょうはこれ以上**話し合う**ことはしたくない。

関連表現

zur Diskussion stehen　議題となっている
In der Firma **steht** das neue Projekt **zur Diskussion**.
会社では新しいプロジェクトが**問題にされている**。

---

[1] als Nächstes　次に
[2] eine Entscheidung treffen　決定する（→ 090）

4格 unter Druck setzen

…⁴ に圧力をかける

① Sie haben die Preisrichter **unter Druck gesetzt**.
彼らは審査員に**圧力をかけて**きた。

② Ich möchte dich nicht unnötig **unter Druck setzen**, aber wir bräuchten deine Zusage bis morgen.
私は君に余計な**プレッシャーをかけたく**ないが、私たちは君の承諾が明日までに必要なのだ。

③ Die Redaktion wurden so **unter Druck gesetzt**, dass die Sendung nicht ausgestrahlt werden konnte[1].
編集部は**圧力をかけられて**番組を放映できなくなった。

④ Die unerwartete Entscheidung der Regierung ließ vermuten, dass sie jemand **unter Druck gesetzt** hatte.
政府の突然の決定から、政府がだれかに**圧力をかけた**ことが推測された。

---

[1] 受動態 (ausgestrahlt werden) と話法の助動詞 (können) が結びついた構造。この例が非常に多い。

durch und durch
完全に

① Das Obst ist **durch und durch** verfault.
果物は**完全に**腐っている。

② Meine Cousine ist **durch und durch** verlogen.
私のいとこは**全然**正直じゃない。

③ Diese Gruppierung ist **durch und durch** gefährlich.
この集団は**まったくもって**危険だ。

④ Der Hausmeister machte auf unsere Kinder einen **durch und durch** bösartigen Eindruck[1].
管理人は私たちの子供に**ものすごく**陰険な印象を与えた。

---

[1] auf+ 4格 einen guten / schlechten Eindruck machen …⁴によい/悪い印象を与える（→ 084）

im Durchschnitt
平均して

① Ich gehe **im Durchschnitt** dreimal monatlich[1] ins Kino.
私は**平均して**月に3回映画に行く。

② Im Test hat die Klasse **im Durchschnitt** 80 Punkte erreicht.
テストでこのクラスは**平均**80点だった。

③ Es[2] leben **im Durchschnitt** 4 Personen in jedem Haushalt.
一世帯につき**平均**4人が暮らしている。

④ Die Leute gehen **im Durchschnitt** zweimal jährlich zum Arzt.
人々は**平均すると**年に2回医者に行っている。

---

[1] dreimal monatlich dreimal im Monatと同じ。
[2] 後続の名詞（ここでは4 Personen）を先取りするes。

in / zu Dutzenden

大勢で、大量に

① Die begeisterten Anhänger stürmten **in Dutzenden** auf den Spieler.

熱狂的なファンが**大挙して**その選手に殺到した。

② Bei der letzten Epidemie mussten die Tiere **zu Dutzenden** geschlachtet werden[1].

この前の流行病で動物が**大量に**殺されなければならなかった。

③ Die Menschen kamen **zu Dutzenden**, um der siegreichen Mannschaft zu gratulieren.

勝利を収めたチームを祝うために、**数え切れないほどの**人々がやって来た。

④ Als der Glühweinstand endlich öffnete, kamen die Besucher **zu Dutzenden**, um sich einen Becher zu kaufen.

グリューワインの売店がようやく開店すると、カップを買おうと来訪者たちが**たくさん**やって来た。

---

[1] 受動態 (geschlachtet werden) と話法の助動詞 (müssen) が結びついた構造 (**077** の③と同様)。

081

in Eile
急いで

① Er ist immer **in Eile**.

彼はいつも**急いでいる**。

② Da ich gerade etwas **in Eile** bin, werde[1] ich Sie später zurückrufen.

今ちょうど**慌ただしくしている**ので、後ほどこちらからお電話いたします。

③ **In Eile** einkaufen[2] macht keinen Spaß. Dann lass uns lieber morgen in Ruhe[3] gehen.

急いで買い物をするのは楽しくありません。だからできれば明日ゆっくり行きましょう。

④ Der Trainer war **in Eile** und gab den Reportern nur eine kurze Antwort.

監督は**急いで**いたので記者たちに手短に答えただけだった。

---

[1] 形は未来形であるが、1人称と結び付くときは主語の意思を表す。
[2] 不定詞を主語として用いた用法。
[3] in [aller] Ruhe　ゆっくり、落ち着いて

es eilig haben[1)]

急いでいる

① Ich **habe es** mit der Arbeit sehr **eilig**.

私はその仕事をとても**急いでいる**。

② Nach der langen Sitzung **hatten** die Politiker **es eilig**, nach Hause zu kommen.

長い会議が終わって政治家たちは家路を**急いだ**。

③ Es ärgerte die Patienten, dass der Arzt **es** immer **eilig hatte** und sich keine Zeit für sie nahm.

その医者がいつも**急いでいて**彼らのために時間をかけないのを患者たちは怒っていた。

④ Der Autofahrer **hatte es** so **eilig**, dass er beim Wegfahren seinen Mantel in der Tür einklemmte.

運転手は出発する際にコートをドアに挟んでしまうほど**急いでいた**。

[1)] esは形式目的語で、実際の目的語はmit+3格(①)やzu不定詞句(②)、あるいは従属の接続詞dassによる副文(③、④)で表される。

zum einen ..., zum anderen ...

ひとつには…、もうひとつには…

① **Zum einen** habe ich kein Geld, und **zum anderen** auch keine Lust, in die Ferien zu fahren[1].

休暇旅行に出かけるには**第一**お金もないし、**次に**その気もない。

② Sie ist zu dieser Arbeit nicht geeignet[2]: **Zum einen** fehlt[3] es ihr an Fachkenntnissen, **zum anderen** ist sie nicht ganz gesund.

彼女はこの仕事には向いていない。**まず**専門知識が欠けているし、**それに**健康もよくはない。

③ Sie ist **zum einen** unsportlich und **zum anderen** auch noch faul – sie wäre niemals eine gute Erzieherin.

彼女は**ひとつには**スポーツ好きでもないし**それにまた**怠惰だ。だから決してよい教育者にはなれないだろう。

④ Das Haus ist **zum einen** baufällig und **zum anderen** auch noch ungünstig gelegen. Da wird sich kaum ein Käufer finden.

その家は**まず**老朽化していて**さらに**立地も悪い。だから買い手がほとんどつかないのだ。

---

[1] in die Ferien fahren 休暇旅行に出かける
[2] zu+3格 geeignet sein …³に適している
[3] es fehlt 3格 an+3格 …³にとって…³が不足している (esは非人称の主語)

auf+ 4格 Eindruck machen

…⁴ に印象を与える

① Die Stadt **machte auf** uns alle einen guten **Eindruck**.

その町は私たちみんなによい**印象を与えた**。

② Sie **machte auf** mich den **Eindruck**, als[1] sei ihr Beruf ihr nicht besonders wichtig.

彼女の職業がとりわけ重要ではないかのような**印象を**彼女は私に**与えた**。

③ Der neue Tennislehrer hat **auf** uns einen sehr engagierten **Eindruck gemacht**.

その新任のテニスコーチは私たちに非常に熱心な**印象を与えた**。

④ Was für einen **Eindruck** hat sein Vortrag **auf** dich **gemacht**?

彼の講演を聞いて君はどんな**印象を持ちましたか**？

---

[1] als ob ...「まるで…かのように」の構文において、obが省略され文末の定動詞がalsの次に置かれた例。

auf+ 4格 Einfluss ausüben

…⁴ に対して影響を及ぼす

① Der Präsident **übt** keinen[1] **Einfluss** mehr **auf** die Firma **aus**.
会長は会社に対してもはや影響力はない。

② Die Nachfrage **übt** immer großen[2] **Einfluss auf** die Preise **aus**.
需要は常に価格に大きな影響を与える。

③ Mit Geldgeschenken hat der Produzent versucht, **auf** die Preisrichter **Einfluss aus**zu**üben**.
製作者は審査員に金銭授与することで影響を及ぼそうとした。

④ Die unheilvolle Geschichte des Dorfes **übt** auch heute noch **Einfluss auf** seine Bewohner **aus**.
災いに満ちた村の歴史は今日もなお住民の心に影を落としている。

---

[1] 打ち消す場合は否定冠詞 kein を用いる。
[2] 影響力が大きい場合は形容詞 groß を用いる。

auf einmal
急に

① **Auf einmal** fing es an zu regnen.
急に雨が降り出した。

② In diesem Moment stand **auf einmal** sein Vater in der Tür[1].
この瞬間に**いきなり**彼の父親が戸口に立っていた。

③ **Auf einmal** hatte ich keine Lust mehr, mit meiner Familie in die Ferien zu fahren.
急に私は家族と休暇旅行に出かけたくなくなった。

④ Nach dem Essen wurde sie **auf einmal** sehr schweigsam.
食後に**突然**彼女は黙りこくった。

関連表現

auf einmal 一度に
　Iss doch nicht alles **auf einmal**!
　一度に全部を口に入れてはいけません。

nicht einmal …すらない
　Er hat uns **nicht einmal** gegrüßt.
　彼は私たちに会釈**すらしなかった**。

---

[1] in der Tür stehen 戸口に立っている

im Einzelnen
個々に

① Die Ursache des Unfalls muss **im Einzelnen** geklärt werden.
事故の原因は**個々に**解明されねばならない。

② Ich kann mich nicht mehr **im Einzelnen** erinnern, was nach dem Unfall passierte.
私は事故の後で起こったことをもはや**一つ一つ**思い出すことができない。

③ Bitte berichten Sie darüber **im Einzelnen** und der Reihe nach[1].
そのことについて**一つ一つ**順番に話してください。

④ Er konnte nicht **im Einzelnen** belegen, wo er an jenem Tag gewesen war.
彼はあの日どこにいたのか**詳細に**裏付けすることができなかった。

関連表現

ins Einzelne gehen　細部にわたる
　In seinem Aufsatz **geht** er über das Problem **ins Einzelne**.
　彼は論文の中でこの問題について**細部にわたり**検討している。

---

[1] der Reihe nach　順番に（従って）（➡ 262）

4格 in Empfang nehmen

…⁴ を受け取る

① Die Nachbarin bat mich, ein Paket für sie **in Empfang** zu **nehmen**.

隣人の女性は私に小包を代わりに**受け取ってくれる**よう頼んだ。

② Wir **nehmen** auch eine kleine Spende gern **in Empfang**.

私たちは少額の寄付もよろこんで**お受けします**。

③ Er weigerte sich, die Einladung[1] zum Tennisturnier auch nur **in Empfang** zu **nehmen**.

彼はテニストーナメントへの招待を**受ける**ことも断った。

④ Bitte bestätigen Sie, dass Sie die Bücherlieferung **in Empfang genommen** haben.

どうか書籍を**受領された**ことをご通知ください。

関連表現

4格 in Empfang nehmen …⁴を出迎える

Der Ministerpräsident **nahm** am Flughafen den Präsidenten **in Empfang**.

首相が大統領を空港で**出迎えた**。

---

[1] Einladung zu+3格 …³への招待、誘い

letzten Endes
結局のところ

① **Letzten Endes** musst du dich selber entscheiden.
結局は君が自分で決めなければならない。

② **Letzten Endes** hat es keinen Sinn gehabt, dem Makler den Grundstücksverkauf zu überlassen.
結局土地の売却を不動産屋に任せてみても無駄だった。

③ **Letzten Endes** müssen die Waffenlieferungen doch im Parlament beschlossen werden.
兵器の輸送は**やはり**議会で決議される必要があるのだ。

④ Wir wollten mal etwas anderes ausprobieren und landeten[1] dann **letzten Endes** doch wieder in unserem Stammrestaurant.
私たちはこれまでとは何か違ったことを試みようとしたのだが、**とどのつまり**またいつものレストランに落ち着いた。

関連表現

am Ende sein 疲れ果てている
　Er **war** völlig **am Ende**.
　彼はすっかり**疲れ果てていた**。

---

[1] in+3格 landen (思わぬ場所に³) 行き着く (inの後は場所を意識して 3格)

eine Entscheidung treffen

決定を下す

① **Die Entscheidung** wurde durch das Los **getroffen**.
その**決定**はくじ引きで**行われた**。

② Ich habe **meine Entscheidung getroffen**: Ich werde nie wieder in meine Heimat zurückkehren.
私は**決心した**。もう二度と故郷には帰るまいと。

③ Wie soll man bei dieser riesigen Auswahl **eine Entscheidung treffen**?
こんなにたくさん選択肢がある中で、どうやって**決めたら**よいのだろうか？

④ Nachdem die Geschworenen[1] alle Zeugen gehört hatten, mussten sie **ihre Entscheidung treffen**.
陪審員はすべての証人の陳述を聞いた後、**決定を下さ**なければならなかった。

関連表現

zur Entscheidung kommen　決定を見る
　Die Sache **kam** endlich **zur Entscheidung**.
　事はようやく**決定の運び**となった。

---

[1] die Geschworenen　陪審員（schwören「誓う」の過去分詞の名詞的用法、複数1格）

seines Erachtens
…の考えでは

① **Meines Erachtens** ist diese Rechnung falsch.
私はこの勘定は間違っていると思う。

② **Meines Erachtens** sollten wir alle an der nächsten Sitzung teilnehmen.
私の考えではわれわれは次回の会合には全員参加するべきだと思う。

③ Doping ist **meines Erachtens** eine Schande für die Welt des Sports.
ドーピングはスポーツの世界にとっていわゆる恥だと私は思います。

④ **Seines Erachtens nach**[1] sollte der Fall vom Kriminalamt nochmals untersucht werden.
彼はその事件は刑事局によって再調査されるべきだと思っている。

---

[1] seines Erachtens nach　彼の考えでは (nachは省略可能)
「われわれの考えでは」unseres Erachtens [nach]
またseinem Erachten nach, nach seinem Erachtenという言い方もある。他の例においても同様。

4格 in Erfahrung bringen

…⁴ を知る

① Ich konnte endlich seine Adresse **in Erfahrung bringen**.
私はついに彼の住所を**知る**ことができた。

② Konnten Sie mittlerweile **in Erfahrung bringen**, wer diese Abhandlung geschrieben hat?
誰がこの論文を書いたか今までに**わかりましたか**？

③ Ein von der Ehefrau beauftragter Detektiv[1] konnte **in Erfahrung bringen**, dass ihr Mann sie seit Jahren betrog.
妻に依頼された探偵は、夫が彼女に対して数年前から不貞を働いていたことを**知った**。

④ Um den letzten Wohnsitz deines Urgroßvaters **in Erfahrung zu bringen**, könntest du beim Rathaus anfragen.
君の曽祖父が最後に住んでいた所を**知る**には、市役所に問い合わせるといいよ。

---

[1]「妻に依頼された私立探偵」von から beauftragter までが Detektiv を修飾する冠飾句。

ohne Erfolg
成果なく、むなしく

① Unser Versuch blieb[1] leider **ohne Erfolg**.
　私たちの実験は残念ながら**不成功に**終わった。

② Das chemische Experiment war unglücklicherweise[2] **ohne Erfolg**.
　その化学実験は不幸にも**失敗だった**。

③ Alle unsere Bemühungen, dem Verletzten zu helfen, blieben **ohne Erfolg**.
　その負傷者を救おうとするわれわれのあらゆる努力は**無駄に**終わった。

④ Wir haben ihn schon zweimal **ohne Erfolg** gebeten, uns zu unterstützen.
　私たちは彼に後援してくれるよう２度も頼んだが**だめだった**。

---

[1] bleibenの代わりにseinも用いられる。
[2] unglücklicherweise -weiseは副詞を作る語尾、形容詞の後では語尾は -erweiseとなる。

in Erfüllung gehen
実現する

① In naher Zukunft wird ihr Traum **in Erfüllung gehen**.
近い将来彼女の夢は**実現する**だろう。

② Alles, was er sich schon als Kind gewünscht hatte, ist nun **in Erfüllung gegangen**.
彼が子供のときに願ったことすべてが今**実現した**。

③ Auf dass[1)] all deine Träume **in Erfüllung gehen**.
君のすべての夢が**実現する**ように。

④ Schließlich **ging** der böse Fluch der Zauberin doch nicht **in Erfüllung** und die Prinzessin konnte gerettet werden.
ついに魔法使いの邪悪な呪いは**かからず**、王女は救われた。

[1)] auf dass ...   …であるように、…するために

zur[1]) Erinnerung an+ 4格

…⁴ の記念に、…⁴ の思い出に

① **Zur Erinnerung an** unsere gemeinsame Reise schenke ich Ihnen dieses Fotoalbum.

一緒に旅行した**思い出に**あなたにこの写真アルバムをプレゼントします。

② **Zur Erinnerung an** den 2. Weltkrieg wurde dort ein Denkmal errichtet.

第2次世界大戦を**記念するために**、そこに記念碑が立てられた。

③ **Zur Erinnerung an** seinen Urlaub in Portugal hat er einige traditionelle Trachtenkleider mitgebracht.

彼はポルトガルで過ごした休暇の**思い出に**いくつかの伝統的な民族衣装を持ってきた。

④ Diesen Kieselstein habe ich **zur Erinnerung an** meinen ersten Ausflug zum Berg Fuji mitgenommen.

この小石は私が富士山に初めて登ったときの**記念に**持ち帰ったものです。

関連表現

3格 4格 in Erinnerung bringen / rufen
…³に…⁴を思い出させる

Ich möchte Ihnen **in Erinnerung bringen**, dass hier Parken verboten ist.

ここは駐車禁止であることをご注意申し上げます。

---

[1]) zurの代わりにalsやinが用いられることもある。

im Ernst
本気で

① Meinst du das **im Ernst**?
君は**本気で**そう思っているのか？

② Was ich gestern zu ihm sagte, habe ich nicht **im Ernst** gemeint.
私がきのう彼に言ったことを私は**本気で**思ってはいなかった。

③ Möchten Sie **im Ernst** in diesen Zeiten in ein Krisengebiet reisen?
あなたは**本気で**この時期に危険地域に旅行に行きたいと思っているのですか？

④ Unser Sohn möchte als Entwicklungshelfer[1] nach Afrika gehen, aber ich denke, er meint es nicht **im Ernst**.
われわれの息子は開発援助隊員としてアフリカへ行きたがっているが、私は彼が**本気で**そんなことを思ってはいないと考えている。

---

[1] als Entwicklungshelfer 開発援助隊員として（資格を表すalsの後は無冠詞）

auf ewig[1]
永遠に

① Sein Name wird in der Geschichte **auf ewig** bleiben.
彼の名は歴史に**永遠に**残るだろう。

② Sie schwor ihm Treue **auf ewig**.
彼女は彼に**永遠の**忠節を誓った。

③ Dieses Familienporträt soll er **auf ewig** bei sich aufbewahren.
この家族写真を彼は**ずっと**肌身離さず持っているべきだ。

④ Der König gab dem Prinzen einen Ring, der ihn **auf ewig** an sein Versprechen erinnern[2] sollte.
王は王子に**永遠に**約束を思い出すように指輪を与えた。

---

[1] 同じ意味の表現に für immer 177 がある。
[2] sich⁴ an+ 4格 erinnern …⁴を思い出す

auf jeden Fall
いずれにしても、どうしても

① **Auf jeden Fall** rufe ich Sie morgen an.
いずれにしても私は明日あなたにお電話します。

② Die Erprobung des neuen Medikaments ist **auf jeden Fall** einen Versuch wert[1].
新薬の試験は**どんな場合でも**実施する価値がある。

③ **Auf jeden Fall** kann er nicht kochen.
どっちみち彼は料理ができない。

④ Morgen habe ich **auf jeden Fall** keine Zeit.
明日は**どうしても**時間がありません。

関連表現

auf alle Fälle　どうしても
　Auf alle Fälle müssen wir die Arbeit fertigbringen.
　どうしても私たちはその仕事を完成させなければならない。

auf keinen Fall　決して…でない
　Die Schule soll man **auf keinen Fall** versäumen.
　学校は**決して**休んで**はいけない**。

---

[1] 4格 wert sein　…⁴に値する、…⁴の価値がある

Farbe bekennen
立場をはっきりさせる

① Es wird Zeit, dass er endlich **Farbe bekennt**.
ついに彼が**立場をはっきりさせる**時が来た。

② Nach dem schweren Unfall musste die Chemiefabrik zu ihren Sicherheitsstandards **Farbe bekennen**.
重大事故後その化学工場はその安全基準に対して**考えを表明し**なければならなくなった。

③ Zu diesem Thema ist unser Parteiprogramm nicht klar genug[1]. Wir müssen endlich **Farbe bekennen**.
このテーマについてわれわれの党の網領は十分明確とは言えない。われわれはついに**立場をはっきりせざる**を得ない。

④ Bei der Pressekonferenz musste der Vorsitzende der Hochschulrektorenkonferenz schließlich **Farbe bekennen**.
記者会見で大学学長会議の議長はついに**考えを明らかにし**なければならなかった。

---

[1] genugは形容詞や副詞を修飾するときは、その後ろに置かれる。

außer Fassung sein / geraten

狼狽している

① Bitte beruhigen Sie sich doch. Sie **sind** ja völlig **außer Fassung**.

どうぞ落ち着いてください。すっかり**混乱されている**ようですから。

② Ich habe niemals gesehen, dass er **außer Fassung war**.

私は彼が**平静さを失った**のを一度も見たことはない。

③ Vor Wut über den schlechten Service **war** der Gast ganz **außer Fassung**.

サービスが悪いことに激怒して客はすっかり**取り乱していた**。

④ Nachdem der Lehrer einen[1] der Schüler beim Spicken erwischt hatte, **war** er ganz **außer Fassung**.

その教師は生徒のうちの一人のカンニングを摘発してから、すっかり**混乱してしまった**。

関連表現

4格 aus der Fassung bringen …⁴を狼狽させる
Ich weiß nicht, was ihn **aus der Fassung gebracht** hat.
何が彼を**狼狽させた**のかわからない。

---

[1] 不定代名詞の名詞的用法の男性4格。関係する名詞が女性ならeine、中性ならein[e]sとなる。

auf eigene Faust
独力で

① Man darf nicht immer **auf eigene Faust** handeln.

いつも**自分勝手な**行動を取ってはいけない。

② Mein Sohn hat leider kein Stipendium für ein Auslandsstudium bekommen. Nun versucht er **auf eigene Faust** in Frankreich zu studieren.

私の息子は残念ながら留学のための奨学金をもらえなかったので、今となっては**自力で**フランスで勉強しようとしている。

③ Nachdem der Polizist vom Dienst suspendiert[1] worden war[2], versuchte er den Fall **auf eigene Faust** zu lösen.

その警官は停職を命じられた後で、その事件を**独力で**解決しようと試みた。

④ Nachdem der Kapitän ohnmächtig[3] geworden war, versuchten die Passagiere das Boot **auf eigene Faust** zu steuern.

船長が気絶してしまったので、乗客たちは船を**自力で**操縦しようとした。

---

[1] 4格 von+3格 suspendieren …⁴を…³から解任する
[2] suspendiert worden war　受動態の過去完了（完了の助動詞にはseinを用い、受動の助動詞werdenの過去分詞はwordenとなる）
[3] ohnmächtig werden　気絶する

mit+ 3格 fertig werden

…³ をうまく処理できる

① **Mit** diesem Problem **wurde** sie lange nicht **fertig**.
この問題を彼女は長く**解決できな**かった。

② Die Mutter **wird mit** ihren Kindern nicht mehr **fertig**.
母親はもはや子供たちを**言う通りにさせる**ことはできない。

③ Sie ist einfach nicht da**mit fertig geworden**, dass sie aus dem Dorf fl iehen musste.
彼女はその村から逃げ出さねばならなかったのだが、ただそれが**うまくで
き**なかった。

④ Er war zu stolz, um seine Familie um Hilfe zu bitten[1], und versuchte **mit** der Situation allein **fertig** zu **werden**.
家族に助けを求めることは彼のプライドが許さなくて、事態をひとりで**何
とかしよう**とした。

---

[1] zu 形容詞／副詞, um ... zu 不定詞句　あまりに…なので…できない

Feuer und Flamme für+ 4格 sein

…⁴ に夢中である

① Er **ist** immer sofort **für** alles **Feuer und Flamme**.

彼はいつもすぐに何にでも**夢中になる**。

② **Für** den neuen DJ **waren** alle Mädchen im Jugendzentrum sofort **Feuer und Flamme**.

その新しいDJに青少年センターの女の子たち全員がすぐに**熱狂した**。

③ Seit sie New York das erste Mal besucht hatte, **war** sie **für** die Stadt **Feuer und Flamme**.

ニューヨークに初めて行って以来、彼女はその街に**夢中だった**。

④ Meine Mutter hat einen Salsakurs[1] angefangen und **ist** nun **Feuer und Flamme fürs** Tanzen.

私の母はサルサの講座を始め、今はダンスに**熱中している**。

---

[1] Salsakurs　Salsa（サルサ：ラテンアメリカ音楽の一種）のコース

3格 auf die Finger sehen

…³ をしっかり見張る

① Ich mag nicht, wenn mein Chef mir **auf die Finger sieht**.
課長が私を**監視する**のは嫌だ。

② Die Rektorin beschloss, dem in die Kritik geratenen[1] Lehrer etwas **auf die Finger zu sehen**.
校長は批判された教師の仕事ぶりを少し**監視する**ことに決めた。

③ Die Versuchsreihe ist schon wieder missglückt. Wir sollten den Laborassistenten etwas **auf die Finger sehen**.
実験はまた失敗に終わった。われわれは研究室の助手たちに少し**目を光らす**べきでしょう。

④ Ich bitte Sie, dem neuen Vertriebsleiter etwas **auf die Finger zu sehen**. Er macht keinen vertrauenswürdigen Eindruck.
新任の販売主任を少し**見張って**くださるようお願いします。彼は信用できないような気がするのです。

関連表現

sich⁴ in den Finger schneiden 思い違いをする
　Sie haben **sich in den Finger geschnitten**.
　彼らは**思い違いをした**。

---

[1] in die Kritik geratenen 批判された (Lehrerを修飾する冠飾句)
　in + 4格 geraten …⁴の状態に陥る

ein großer / dicker Fisch
大物、重大犯人

① **Ein großer Fisch** wurde endlich geschnappt.
大物がようやく捕らえられた。

② Während **die dicken Fische** ungeschoren davonkommen[1], müssen die kleinen Ganoven die Zeche zahlen[2].
大泥棒たちは無事に切り抜けるが、小泥棒たちは後始末をさせられる。

③ Der Leiter des Drogendezernats freute sich, dass ihnen **ein dicker Fisch** ins Netz gegangen[3] war.
薬物担当局長は**大物**が彼らのわなにかかったことを喜んだ。

④ Lass ihn laufen — er ist nur **ein kleiner Fisch**[4]!
逃してやろう ― そいつはただの**小物**だから。

---

[1] ungeschoren davonkommen　無事に切り抜ける
[2] die Zeche zahlen müssen　飲食代を払わねばならない→不祥事の後始末をさせられる（Zecheは飲食代のこと）
[3] 3格 ins Netz gehen　…³のわなにかかる
[4] ein kleiner Fisch　取るに足らない人物、小物

fix und fertig

ひどく疲れた、すっかり仕上がった

① Nach dem Stadtmarathon waren die Läufer **fix und fertig**.
市民マラソンの後、ランナーは**疲れ果てていた**。

② Nach anderthalb Jahren war die Arbeit bereits **fix und fertig**[1].
1年半後にはその仕事はもう**すっかり仕上がっていた**。

③ Nach dieser harten Arbeit waren die Arbeiter alle **fix und fertig**.
このきつい仕事の後、労働者たちはみんな**疲れ果てていた**。

④ Jetzt noch eine Krawatte und schon bist du **fix und fertig** zum Ausgehen.
あとネクタイを締めれば君は**すっかり**出かける**準備ができる**。

---

[1] この例のように、仕上がったもの(ここでは仕事)を主語にする場合と、次のように mit+3格 で表す場合がある。
Ich bin fix und fertig mit der Arbeit.　私は仕事をすっかり片づけた。

zwei Fliegen mit einer Klappe schlagen

一石二鳥を得る

① Jeder freut sich, wenn er **zwei Fliegen mit einer Klappe schlagen** kann.

一石二鳥ならだれもが喜ぶ。

② Durch die Entlassung seines Untergebenen hatte der Personalchef **zwei Fliegen mit einer Klappe geschlagen**.

部下の解雇により人事部長は**一挙両得**だった。

③ An seiner neuen Arbeitsstelle hat er nun auch seine Verlobte kennengelernt und **zwei Fliegen mit einer Klappe geschlagen**.

彼は新しい職場で婚約者とも知り合えて**一石二鳥**だった。

④ Der Mann im Reisebüro hat uns nicht nur das Hotel rausgesucht, sondern auch[1] gleich einen Mietwagen gebucht. So hatten wir **zwei Fliegen mit einer Klappe geschlagen**.

旅行会社の男性は私たちにホテルを選び出すだけでなく、同時にレンタカーの予約までしてくれた。こうして私たちは**一石二鳥**を得た。

---

[1] nicht nur ... sondern auch ...　…だけでなく…も

[wie] im Flug[e]

飛ぶように

① Die Ferien vergehen immer **wie im Fluge**.

休暇はいつも**飛ぶように**過ぎてしまう。

② Mein Auslandssemester in Amerika ist **wie im Fluge** vergangen.

アメリカでの一学期間の留学は**あっという間に**過ぎてしまった。

③ Beim Galadiner[1] erlebte ich so viele interessante Gespräche, dass der Abend **wie im Fluge** verging.

晩さん会の席で私は多くの興味深い話を聞けて、その夜は**飛ぶように**過ぎてしまった。

④ Da meine Großmutter eine nette Bettnachbarin[2] hatte, verging ihr die Zeit im Krankenhaus **wie im Fluge**.

私の祖母はよい同室の患者さんがいたので、彼女の入院していた時間は**あっという間に**過ぎた。

---

[1] Galadiner 晩さん会 (Galadinnerとも)
[2] Bettnachbar (女性形 Bettnachbarin) 隣のベッドの患者

3格 Folge leisten
…³ に従う、応じる

① Sie werden deinem Befehl gern **Folge leisten**.
彼らは君の命令にはよろこんで**従う**だろう。

② Der Vermieter hat meiner Bitte um Installation einer neuen Heizung endlich **Folge geleistet**.
家主は私の新しい暖房設備の取り付け願いにやっと**応じた**。

③ Die Rebellen **leisteten** dem Ultimatum **Folge** und zogen sich bis zum Abend aus der Stadt zurück.
反乱者たちは最後通告に**従い**夜までに町から撤退した。

④ Der Chefarzt **leistete** dem Vorschlag des Krankenpflegers **Folge** und verlegte[1] die Operation auf den nächsten Tag.
医長は看護師の提案に**従い**手術を翌日に延期した。

関連表現

4格 zur Folge haben 結果として…⁴を伴う
Dies **hatte zur Folge**, dass er aus der Firma ausschied[2].
これで彼は会社を辞める**はめになった**。

für die Folge / in der Folge 今後、将来
Ich werde die Regel **in der Folge** schon beachten.
今後は規則をちゃんと守ります。

---
[1] 4格 auf+4格 verlegen …⁴を…⁴に延期する
[2] aus der Firma ausscheiden 会社を辞める

wie folgt
次のように

① Schreiben Sie bitte **wie folgt**!
次のように書いてください。

② Die Telefonnummer lautet **wie folgt**:[1] ...
電話番号は**以下**の通りです。

③ Die Zeitungen zitierten sein Geständnis der Tat **wie folgt**: ...
新聞は彼の犯行の自白を**次のように**引用した。

④ Bitte gehen Sie bei der Reparatur der Spülmaschine **wie folgt** vor: ...
食器洗い機を修理される場合は**以下のような**措置をお取りください。

---

[1] Kolon (コロン) の働きについて
　1. 具体例を示す
　2. 結論を述べる
このことを頭に入れておくと、独文解釈の際に非常に役に立つ。

gut in Form sein
調子がよい

① Nach dem Urlaub **war** er wieder **gut in Form**.
休暇の後彼はまた**調子を取り戻した**。

② Er **ist** nicht mehr so **gut in Form** wie noch vor einigen Jahren.
彼はもはや数年前のように**好調**ではない。

③ Für[1] eine Dame von 80 Jahren **ist** sie noch erstaunlich **gut in Form**.
80歳の女性にしては彼女はまだ驚くほど**体調がよい**。

④ Unser Marketingteam **war** heute **gut in Form** und hat eine ganz neue PR-Strategie[2] erdacht.
われわれのマーケティングチームはきょうは**好調で**PR戦略まで一新した。

---

[1] für eine Dame von 80 Jahren　80歳の女性のわりには
　 fürは比較を表す前置詞。**für** sein Alter　年のわりには
[2] PR-Strategie　PR（広報）戦術

in einem fort

絶えず、ずっと

① Am liebsten[1] arbeite ich **in einem fort**.

私は**ぶっ通し**で働くのが一番よい。

② Merkst du eigentlich, dass du **in einem fort** nur von dir selbst redest?

君は**ずっと**自分のことばかり話しているのがわかっているのかい？

③ Beim Schulfest haben die Mütter **in einem fort** nur über einander gelästert.

学園祭で母親たちは**絶えず**互いの陰口をたたいていた。

④ Die Verkäuferin plauderte **in einem fort** mit ihrer Kollegin, ohne[2] die Kunden zu bedienen.

店員は客の対応などそっちのけで**絶えず**同僚とおしゃべりをしていた。

---

[1] am liebsten　gernの最上級（gern—lieber—am liebstenと変化する）
[2] ohne ... zu不定詞　…することなしに

keine Frage sein /
außer Frage stehen

確実である、疑問の余地もない

① Es **ist keine Frage**, dass ich Ihnen dabei helfe.
その際あなたを助けることは**言うまでもない**。

② Es **ist** gar **keine Frage**, wer den Wettbewerb gewinnen wird.
誰がこの競争に勝つかはもう**決まっている**。

③ Es **steht außer Frage**[1], dass der Fahrer an dem Unfall schuld ist.
運転手にその事故の責任があるのは**言うまでもない**。

④ Wer von den beiden Verdächtigen der Täter war, **steht** mittlerweile **außer Frage**.
二人の容疑者のうちどちらが犯人か、そのうち**確かになる**。

関連表現

in Frage kommen 問題になる
　Für diesen Posten **kommt** nur sie **in Frage**.
　このポストに**ふさわしい**人物は彼女だけだ。

nicht in Frage kommen 問題外である
　Diese teure Uhr **kommt** für mich nicht **in Frage**.
　こんなに高い時計なんか**問題外だ**。

[1] außer Frage seinでもよい。④も同様。

in aller[1] Frühe

早朝に

① Er muss jeden Tag **in aller Frühe** arbeiten.
彼は毎日**早朝に**働かねばならない。

② Morgen muss ich **in aller Frühe** aufstehen.
明日私は**朝早く**起きなければならない。

③ Der Bauer ist schon **in aller Frühe** im Stall, um die Kühe zu melken.
農夫は牛の乳を搾るため**朝早く**から牛舎にいる。

④ Am Sonntag läuteten im Dorf **in aller Frühe** die Kirchenglocken.
日曜日には村では**朝早くから**教会の鐘が鳴り響く。

---

[1] このallerは不定代名詞。付加語的に用いられて「極度の、非常な」の意味。ほかにはin aller Eile（大急ぎで）などがある。

früher oder später
遅かれ早かれ

① **Früher oder später** wirst du das Projekt betreuen.
遅かれ早かれ、君はそのプロジェクトを担当することになるだろう。

② **Früher oder später** wird die Polizei den Täter schnappen.
早晩、警察は犯人を捕まえるでしょう。

③ **Früher oder später** musst du dich entscheiden, ob du studieren oder eine Lehre machen willst.
遅かれ早かれ、お前は大学へ行くのか見習い修業をするのかを決めなければならない。

④ Der Autohändler wusste, dass er sein Geschäft **früher oder später** würde[1] aufgeben müssen.
車のディーラーは遅かれ早かれ店をあきらめねばならないだろうと思っていた。

関連表現

von früh bis spät 朝早くから夜遅くまで
　Aschenputtel musste **von früh bis spät** arbeiten.
　シンデレラは**朝早くから夜遅くまで**働かねばならなかった。

---

[1]「あきらめねばならないだろう」語順に注意が必要、いわゆる二重不定詞 (aufgeben müssen) は必ず文末に置かれる。

mit Fug und Recht
当然のこととして、正当に

① Du kannst **mit Fug und Recht** behaupten, dass du der Beste[1] in der Klasse bist.

君はクラスで一番であると**胸を張って**主張できる。

② Er behauptete, er sei[2] **mit Fug und Recht** der Besitzer des Gemäldes.

彼は**当然**この絵の所有者であると主張した。

③ Sie sagte, sie könne[3] ihre Unschuld **mit Fug und Recht** beweisen.

彼女は身の潔白を**当然**証明できると言った。

④ Ich darf **mit Fug und Recht** behaupten, ein Nachfahre des Königs zu sein.

私は王の子孫であると**胸を張って**主張させていただきます。

---

[1] der Beste gutの最上級bestの名詞的用法。
[2][3] ともに間接話法、それぞれsein / könnenの接続法第1式。

auf eigenen Füßen / Beinen stehen

自立している

① Damals **stand** er bereits **auf eigenen Füßen**.

当時彼はすでに**自立していた**。

② Meine Schwester musste schon früh **auf eigenen Beinen stehen**.

私の姉はすでに早くに**自立し**なければならなかった。

③ Ich frage mich[1], ob mein Sohn jemals **auf eigenen Beinen stehen** wird.

私の息子はいつかは**自立できる**のだろうかと疑問に思っている。

④ Sie wollte hinaus in die weite Welt[2] und ohne ihre Eltern **auf eigenen Beinen stehen**.

彼女は広い世界へ出て行き両親がいなくても**自立したい**と思った。

関連表現

auf schwachen Füßen / Beinen stehen
足元がしっかりしていない
　Die Firma hat Finanzschwierigkeiten und **steht auf schwachen Füßen**.
　その会社は経営が苦しく**足元が揺らいでいた**。

zu Fuß gehen　徒歩で行く
　Er **geht zu Fuß** zur Schule.
　彼は**歩いて**学校**へ行く**。

---

[1] sich⁴ fragen　疑問に思う
[2] hinaus in die weite Welt　広い世界へ

4格 in Gang bringen / setzen

…⁴ を動かす

① Er konnte sofort den Motor **in Gang bringen**.
彼はすぐにエンジンを**動かす**ことができた。

② Ohne Reparatur wird es kaum gelingen, den Rasenmäher wieder **in Gang** zu **bringen**.
修理なしに芝刈り機をまた**動かす**のはまず無理だろう。

③ Nach Vermittlung[1] durch den US-Außenminister gelang es, die Nahost-Verhandlungen erneut **in Gang** zu **bringen**.
アメリカ外務大臣による調停により近東折衝が**再開される**ことになった。

④ Es muss auch ohne Alkoholkonsum möglich sein, mit den Jugendlichen eine Party **in Gang** zu **bringen**.
若者とパーティーを**する**ときにはアルコールを抜きにするのも可能であるに違いない。

関連表現

in Gang kommen 動き出す
　Unsere gemeinsame Arbeit **kam** gut **in Gang**.
　われわれの共同作業は順調に**進んだ**。

in Gang sein 動いている、進行中である
　Die Maschine **ist** schon **in Gang**.
　その機械はすでに**作動していた**。

---

[1] nach Vermittlung ...　…による調停により（nachは根拠・基準を表す前置詞）

ganz und gar
完全に

① Das ist **ganz und gar** falsch.
これは**完全に**間違っている。

② Mit seiner Behauptung hat er leider **ganz und gar** recht[1].
彼の主張は残念だが**まったくもって**正しい。

③ Die schulischen Probleme ihrer Kinder waren der Mutter **ganz und gar** egal.
子供たちの学校の問題など、その母親にとっては**まったく**どうでもよいことだった。

④ Ich habe heute **ganz und gar** keine Zeit, mich um den Haushalt zu kümmern[2].
きょう私は家事をしている時間が**まったく**ありません。

---

[1] recht haben　正しい (➡ **258**)
[2] sich⁴ um+[4格] kümmern　…⁴を気にかける (➡ **196**)

im Ganzen
全部で

① An der Party haben **im Ganzen** etwa zweihundert Studenten teilgenommen.
全部で約 200 名の学生がそのパーティーに参加した。

② **Im Ganzen** war ich bereits dreimal in China.
全部で私は 3 回すでに中国へ行った。

③ Es[1] waren **im Ganzen** 30 Schüler, die sich für den Schüleraustausch angemeldet[2] hatten.
交換留学に申し込んだ生徒は**全部で** 30 名だった。

④ Die Zeitschrift war **im Ganzen** 40 Jahre lang erschienen.
その雑誌は**全部で** 40 年間刊行された。

---
[1] このesは仮の主語。必ず文頭に置かれ、この例のように後に続く実際上の主語が複数なら、動詞の人称変化形もそれに従う。
[2] sich[4] für+ 4格 anmelden …[4]に申し込む

zu+3格 geboren sein

生まれながらの…³ だ

① Er **ist zum** Musiker **geboren**.
彼は**生まれながらの**音楽家だ。

② Er **war** da**zu geboren**, der neue Thronfolger zu sein.
彼は**生まれながらの**王位継承者であった。

③ Ich **bin** nicht da**zu geboren**, vor einem großen Publikum zu singen.
私は大勢の前で歌う**ようなタイプ**ではない。

④ Sie sagte, sie **sei**[1] einfach nicht **zu** einer guten Köchin **geboren**.
彼女はそもそも**生まれつき**よい料理人ではないと言った。

---

[1] sagenの内容を説明するseinの接続法第1式、間接話法。

von+3格 Gebrauch machen

…³ を使用する

① Ich **mache** gern **von** deiner Hilfe **Gebrauch**.
よろこんで君の援助を**受けよう**。

② **Von** dem alten Fotoapparat war offenbar nur selten **Gebrauch gemacht** worden.
この古いカメラは見たところまれにしか**使われて**いなかったようだ。

③ Bei seiner Recherche **machte** der Journalist auch **von** alten Radioaufnahmen **Gebrauch**.
記者は調査で古いラジオ放送の録音も**使った**。

④ Sie können gern **von** allem **Gebrauch machen**, was[1] Sie im Archiv finden.
あなたが資料の中で見つけたことは何でもどうぞ**お使い**ください。

関連表現

außer Gebrauch kommen 使われなくなる
　Diese Wendungen sind längst **außer Gebrauch gekommen**.
　これらの言い回しはとっくに**用いられなくなっている**。

in Gebrauch sein 使われている
　Das neue Zimmer **ist** bereits **in Gebrauch**.
　その新しい部屋はすでに**使われている**。

---

[1] wasは4格の不定関係代名詞、主文のallemと呼応している。

４格 im Gedächtnis haben

…⁴ を覚えている

① Ich **habe** unseren Hochzeitstag immer noch gut **im Gedächtnis**.

私たちの結婚式の日のことは今でもよく**覚えています**。

② **Haben** Sie noch **im Gedächtnis**, wann und wo Sie Ihre Frau kennenlernten?

あなたが奥さんといつどこで知り合ったのかまだ**覚えていますか**？

③ Ich **habe** noch gut **im Gedächtnis**, wer in der Grundschule neben mir saß.

私は小学校で隣に誰がすわっていたかをまだよく**覚えている**。

④ Er vergisst vieles[1], aber die Telefonnummern seiner Freunde **hat** er alle **im Gedächtnis**.

彼は多くを忘れるが、彼の友人の電話番号はすべて**覚えている**。

関連表現

３格 ４格 ins Gedächtnis zurückrufen
…³に…⁴を思い起こさせる

Der Zigarrenduft **rief** ihm das Arbeitszimmer seines Vaters **ins Gedächtnis zurück**.

その葉巻の香りは彼に父親の書斎を**思い出させた**。

---

[1] vielは1格と4格で格語尾のつかないこともあり、ここもvielでも可能。

sich³ über+ 4格 Gedanken machen

…⁴のことをあれこれ考える、心配する

① Er **machte sich über** seine Zukunft **Gedanken**.
　彼は将来のことについて**よく考えてみた**。

② **Über** das Menü können wir **uns** später noch **Gedanken machen**, vorrangig ist jetzt die Gästeliste.
　料理の献立は後で**考える**ことにして、とりあえず今はお客のリストです。

③ **Über** mein Leben im Alter **mache** ich **mir** jetzt noch keine **Gedanken**[1].
　年老いたときの私の人生について今はまだ**心配して**いない。

④ Als Kind **machte** er **sich** keine **Gedanken** dar**über**, welcher Religion seine Freunde angehörten[2].
　子供のころ友人がどの宗教に所属しているかなど、彼は**考えもし**なかった。

---
[1] 打ち消しには否定冠詞のkeinを用いる。Gedankenが複数4格なのでkeineとなる。
[2] 3格 angehören …³に所属している（welcher Religionは3格）

ein Gedicht sein

(詩のように) 美しい、美味だ

① Das Essen meiner Frau **ist** immer **ein Gedicht**.
妻の料理はいつも**美味しい**。

② Die Nachspeisen in diesem Restaurant **sind** allesamt **ein Gedicht**.
このレストランのデザートは実に**すばらしい**。

③ Er behauptete, dass die Torten, die seine Mutter backe, **ein Gedicht seien**[1].
彼は自分の母親の焼く菓子が**美味しい**と言い張った。

④ Diese Mousse au chocolat[2] **ist** ein wahres **Gedicht**!
このチョコレートムースは実に**美味しい**。

---

[1] behauptenの内容を説明するseinの接続法第1式、間接話法。前の関係文の定動詞のbackeも同様。
[2] die Mousse au chocolat チョコレートムース

auf eigene Gefahr
自分の責任で

① Betreten der Baustelle **auf eigene Gefahr!**[1]
工事現場への立ち入りには**責任を負いません**！

② Benutzung **auf eigene Gefahr!**
ご利用の際は**十分にご注意ください**。

③ Die Mitarbeiter der Hilfsorganisation betraten das Krisengebiet **auf eigene Gefahr**.
援助組織の仲間たちは**自己責任で**危険地域に足を踏み入れた。

④ Wer[2] ohne Helm Fahrrad fährt, tut dies **auf eigene Gefahr**.
自転車にヘルメットなしで乗るものは、危険は**自己の責任**である。

---

[1] 掲示などでよく見かける表現。②も同様。
[2] 不定関係代名詞werの1格、「およそ…する人は誰でも」。

3格 einen Gefallen tun

…³ に親切な行為をする

① Kannst du mir **einen Gefallen tun**?
君に**お願いがあるんだけど**。

② Ich bat ihn, mir **einen Gefallen** zu **tun**, doch er lehnte ab.
彼に**お願いがある**と言って頼んだが、彼は断った。

③ **Tun** Sie mir bitte **den Gefallen**[1] und machen das Fenster zu? Es ist so kalt hier.
恐れ入りますが窓を閉めて**いただけないでしょうか**。ここはとても寒いので。

④ Er sollte auf der Buchmesse einige Bücher signieren, und **diesen Gefallen tat** er seinen Fans gern.
書籍見本市では彼は何冊かの本にサインすることになっていたが、彼は自分のファンのために**喜んで**そうした。

関連表現

an+ 3格 Gefallen finden …³が気に入る
　Er **fand an** ihr **Gefallen**.
　彼は彼女が**気に入った**。

---

[1] Gefallen（親切な行為）が具体的に規定される場合は定冠詞（類）がつく。④も同様。

auf+ 4格 gefasst sein

…⁴ を覚悟した

① Ich **bin auf** das Schlimmste[1] **gefasst**.

私は最悪の場合の**覚悟ができている**。

② Er **war** dar**auf gefasst**, dass der Verlag sein neues Buch ablehnen würde.

彼は出版社が彼の新しい本を認めてくれないだろうと**覚悟していた**。

③ **Auf** diese schlechten Neuigkeiten **war** ich nicht **gefasst**.

このような悪いニュースに私は**冷静**ではいられなかった。

④ **Seien** Sie[2] **gefasst** dar**auf**: Die Zugfahrt durch Indien wird sehr anstrengend werden.

以下のことを**ご承知おきください**：インドでの列車のご旅行は非常にハードになるでしょう。

---

[1] das Schlimmste schlimmの最上級schlimmstの名詞的用法。
[2] Seien Sie seinの2人称敬称に対する命令形。

im Gegensatz zu + 3格

…³ とは反対に

① **Im Gegensatz zu** meinem Vater sieht meine Mutter jünger aus.

父**とは逆に**母は年より若く見える。

② **Im Gegensatz zu** ihm kann ich wenigstens ein bisschen[1] Koreanisch verstehen.

彼**とは違って**私は少なくとも少しは韓国語が理解できる。

③ **Im Gegensatz zu** Deutschland sind die Winter in Spanien sehr mild.

ドイツ**とは対照的に**スペインの冬はとても温かい。

④ Meine Enkelin hat — **im Gegensatz zu** ihrer Mutter — mein Interesse an Naturwissenschaften geerbt.

私の孫は彼女の母親**と違って**、私の自然科学への興味を受け継いだ。

---

[1] ein bisschen 不変化の不定代名詞、einと共に用いられ「少し、ちょっと」の意味でよく使われる。

im Gegenteil

反対に、逆に

① Sie ist nicht faul, ganz **im Gegenteil**.

彼女は怠けものなんかではない。まったく**その反対だ**。

② Die sparsame Einrichtung der Wohnung störte mich nicht. **Im Gegenteil** fühlte ich mich sehr wohl dort.

住まいのつましい家具調度を不自由には思っていない。**それどころか**私はとても心地よく感じている。

③ Ich und[1] müde? **Im Gegenteil**, jetzt werde ich gerade erst richtig wach!

私が疲れているだって？**とんでもない**、今ちょうどようやく目が覚めたばかりなんだ。

④ Nachdem sein Werk für den Preis nicht einmal nominiert worden war, reagierte er nicht enttäuscht: **Im Gegenteil** wirkte er sogar kämpferisch.

彼の作品が賞にノミネートすらされなかったあと、彼は落胆した反応を示すどころか**その逆で**、戦闘意欲に燃えたようにさえ見えた。

---

[1] 相反する語句を結びつけて「…が…だって？」の意味になる。
Ich und singen? ぼくが歌うだって？
Er und Lehrer? 彼が教師だなんて。

in Gegenwart+ 2格

…² の目の前で

① Wie könnt ihr euch **in Gegenwart** des Bischofs so respektlos benehmen?

どうしておまえたちは司教**の目の前**でそんな無礼な振舞いができるのか？

② **In Gegenwart** ihrer Eltern wagte sie ihren Verlobten nicht einmal anzublicken.

彼女の両親**の目の前で**彼女は自分の婚約者を見つめる勇気すらなかった。

③ **In Gegenwart** des Trainers traute sich der Nachwuchsspieler nicht, eigene Vorschläge zu machen[1].

監督**の目の前で**その若手の選手は自分の提案をいくつかしてみる勇気はなかった。

④ Er hat es **in** meiner[2] **Gegenwart** gesagt.

彼はそれを私のいる**前で**言った。

---

[1] einen Vorschlag machen 提案する
[2] 付加語の２格のかわりに所有冠詞を用いることもある。

4格 geheim halten

…⁴ を秘密にしておく

① Er hat den Plan vor[1] dem Vater lange **geheim gehalten**.
彼はその計画を長い間父親には**秘密にしておいた**。

② Es wird noch **geheim gehalten**, wer der nächste Papst sein wird.
次期ローマ法王に誰がなるのかはまだ**秘密である**。

③ Der Journalist **hielt** seine Informationsquellen streng **geheim**.
その新聞記者は彼の情報源を頑なに**隠し通した**。

④ Wie lange willst du deine Scheidung noch **geheim halten**?
君は自分の離婚のことをあとどのくらい**秘密にしておく**つもりなのか？

---

[1] 「…に対して」を表す場合は vor+3格 を用いる。

es geht um+ 4格

…⁴ が問題だ

① **Es geht** hier nicht **um** Geld.
これはお金**の問題で**はない。

② **Es geht** hier nicht **um** Sie persönlich.
これはあなた個人を**問題にしている**のではありません。

③ Könnten¹⁾ Sie mir bitte kurz mitteilen, **um** was **es** in der Sitzung **geht**?
すみませんがこの会議では何が**問題になっているのか**教えていただけませんか。

④ Unserer Ansicht nach²⁾ **geht es** nicht **darum**, möglichst schnell einen Schuldigen zu finden.
私たちの考えではできるだけ早く罪人を見つけ出すことが**重要**なのではない。

---

¹⁾ Könnten Sie ...? …していただけませんか？（接続法第2式を用いた丁寧な依頼の表現＝外交的接続法）

²⁾ unserer Ansicht nach 私たちの考えでは (➡ **022**)

zum Gelächter werden / sich zum Gelächter machen

物笑いの種になる

① Durch[1] seine Niederlage **wurde** er **zum Gelächter**.

敗北によって彼は**物笑いの種になった**。

② Durch seine absurden Reformvorschläge **machte** er **sich zum Gelächter** der ganzen Partei.

馬鹿げた改革案のために彼は党内の**笑いものになった**。

③ Mit so einem altmodischen Anzug **machst** du **dich** in der Firma **zum Gelächter**.

そんな古くさいスーツを着ていたら君は会社で**物笑いの種になるよ**。

④ Mit seiner neuen Frisur **machte** der Bürgermeister **sich zum Gelächter** der Medien.

市長は新しいヘアスタイルでマスコミの**笑いの種**にされた。

---

[1] 物笑いの種になる原因は①や②のようにdurch、あるいは③や④のようにmitで表される。

bei Gelegenheit
機会を見て、ついでのときに

① Kannst du mir **bei Gelegenheit** die CD bringen?
ついでのときにその CD を持って来てくれますか？

② Das geliehene Geld[1] können Sie gern **bei Gelegenheit** bezahlen.
お貸ししたお金は**都合のよいときに**支払っていただければ結構です。

③ **Bei Gelegenheit** würde ich Sie gern einmal zum Kaffee einladen[2].
ご都合のよろしいときにぜひ一度お茶にお招きさせてください。

④ Der Schulleiter bat den Hausmeister, **bei Gelegenheit** den Getränkeautomaten zu reparieren.
校長は管理人に、**ついでの折に**飲み物の自動販売機を修理してくれるように頼んだ。

---

[1] das geliehene Geld 貸した金（geliehenは他動詞leihenの過去分詞で、受動で完了の意味がある）
[2] 4格 zu+ 3格 einladen　…⁴を…³に招く

3格 **gelingen**

…³ にうまくいく

① Es **gelang** mir nicht, ihn telefonisch zu erreichen.

彼と電話で連絡を取ることができなかった。

② Die Geburtstagstorte ist[1] mir leider nicht **gelungen**.

バースデーケーキは残念ながらうまくできなかった。

③ Wie **gelingt** es dir nur, so viel zu essen und dabei so schlank zu bleiben?

どうしたら君はそれだけたくさん食べているのにそんなにスリムでいられるのか？

④ An einem Tag so viele Fische zu fangen, **gelingt** auch erfahrenen Anglern nicht oft.

一日でそんなに多くの魚をとるのは経験豊かな釣り師でも何度もあることではない。

---

[1] gelingenは完了の助動詞にはseinを用いる。

4格 **gelten lassen**

…⁴ を認める

① Eine solche Erklärung kann ich nicht **gelten lassen**.

そのような説明には**納得**できない。

② Da die Punkte doppelt vergeben wurden, können wir das Ergebnis nicht **gelten lassen**.

点数が重複して出されたので、われわれはその結果を**認める**わけにはいかない。

③ Der Richter wollte nicht **gelten lassen**, dass die Aussage unter Zwang[1] entstanden sein sollte.

裁判官はその供述が強制されたものではないかという点について、**認めよう**とはしなかった。

④ Der Quizmaster **ließ** die Antwort **gelten**, obwohl der Kandidat sehr lange gebraucht hatte.

クイズ番組の司会者は挑戦者が解答にとても長い時間を費やしたにもかかわらず、その答えを**認めた**。

---

[1] unter Zwang　強制されて

4格 zur Geltung bringen

…⁴ を引き立たせる、…⁴ を認めさせる

① Das schwarze Kleid **bringt** ihre Schönheit noch mehr **zur Geltung**.

その黒いドレスは彼女の美しさをいっそう**引き立たせている**。

② Seine tragende Stimme **brachte** seine Rolle noch mehr **zur Geltung**.

彼の張りのある声はその役柄をいっそう**引き立たせていた**。

③ Das Gemälde **bringt** den einzigartigen Stil des Malers eindrucksvoll **zur Geltung**.

その絵画はこの画家の比類なき様式を印象深く**引き立たせている**。

④ Er will immer seinen Willen[1] **zur Geltung bringen**.

彼はいつも自分の意思を**押し通そうとする**。

---

[1] 格変化: der Wille / des Willens / dem Willen / den Willen

4格 mit+3格 gemein haben

…⁴ を…³ と共有している

① Ich **habe** viel **mit** meiner Frau **gemein**.
   私は妻と**共通点**がたくさん**ある**。

② Ich **habe** nichts **mit** ihm **gemein**. Wir sind völlig verschieden.
   私は彼と何一つ**共通点**がない。私たちは完全に違っている。

③ Er **hat** die abstehenden Ohren **mit** seinem Vater **gemein**.
   彼は出っ張った耳が彼の父親と**同じ**だ。

④ Die beiden Schwestern **hatten** ihre Liebe zur Literatur **gemein**[1].
   文学好きが二人の姉妹に**共通していた**。

---
[1] 主語が複数のときはmit+3格 はふつう省かれる。

genug von + 3格 haben

…³ にうんざりしている

① Ich **habe genug von** der Arbeit.
私はその仕事に**うんざりしている**。

② Sie **hat** schon **genug von** ihrem Mann.
彼女は夫にすでに**愛想をつかしている**。

③ **Von** deinen Ausreden **habe** ich aber wirklich **genug**.
君の言い訳はもう本当に**たくさんだ**。

④ Jetzt **habe** ich **genug davon**![1]
もう**たくさんだ**。

---

[1] von+3格 を省いたものもよく使われる。
Jetzt habe ich aber genug! もうたくさんだ！

ins Gerede kommen

うわさの種になる

① Er ist damals oft **ins Gerede gekommen**.

彼は当時よく**うわさにのぼった**。

② Es wäre nicht gut für unsere Familie, wenn[1] wir in der Nachbarschaft[2] **ins Gerede kämen**.

私たちが近所で**うわさになる**ようなことになれば家族にとってよいことではないでしょう。

③ Der Abgeordnete ist wegen seiner Frauengeschichten bereits **ins Gerede gekommen**.

その国会議員は女性とのゴタゴタでもう**うわさになっていた**。

④ Er **kam** unter[3] seinen Kollegen **ins Gerede**, da es immer wieder Plagiatsvorwürfe gegen ihn gab.

彼は再三再四盗作の非難を受けていたので、同僚の間で**うわさの種になった**。

---

[1] 実現の可能性が少ない仮定とその帰結に用いられた接続法第2式。
[2] in der Nachbarschaft 近所で
[3] unter ... …の間で、中で

nicht im Geringsten

全然…でない

① Musik interessiert mich **nicht im Geringsten**.
   私は音楽には**まったく**興味が**ない**。

② Für seine kriminelle Vergangenheit schämte[1] er sich **nicht im Geringsten**.
   彼は自分の犯罪者としての過去を**全然**恥じて**いなかった**。

③ Über die vielen Hausaufgaben freuten[2] sich die Kinder **nicht im Geringsten**.
   たくさんの宿題に子供たちは**まったく**喜ば**なかった**。

④ Der Vertrag konnte die Gewerkschaft **nicht im Geringsten** überzeugen.
   その協定は労働組合を**まったく**納得させることが**できなかった**。

---

[1] sich⁴ für+ 4格 schämen …⁴を恥ずかしく思う
[2] sich⁴ über+ 4格 freuen …⁴を喜ぶ

das Gesicht verlieren

面目を失う

① Er hat **das Gesicht verloren**.

彼は**面目を失った**。

② Für den Vater war es sehr wichtig, vor seinem Sohn nicht **das Gesicht** zu **verlieren**.

父親にとって自分の息子の前で**面目を失わ**ないことがとても重要だった。

③ Es wäre mir peinlich, vor meinen Kollegen **das Gesicht** zu **verlieren**.

同僚の面前で**面目をつぶす**ようなことがあれば気まずいのですが。

④ Wenn die Wahrheit über seine Steueraffäre ans Licht käme[1], wäre das **ein Gesichtsverlust**[2].

もし彼の税金問題について真実が明るみに出るようなことになれば、**面目を失う**ことになるでしょう。

関連表現

ein langes Gesicht machen しょげた顔をする
　Das Kind **machte ein langes Gesicht**.
　　その子供は**しょげた顔をした**。

das Gesicht wahren 面目を保つ
　Er macht alles, um **das Gesicht** zu **wahren**.
　　彼は**体面を保つ**ためなら、何でもやる。

---

[1] ans Licht kommen 明るみに出る
[2] Gesichtsverlust（面目を失うこと）を名詞で表現した例。

4格 zum Gespött machen

…⁴ を笑いものにする

① Diesen Hut soll ich aufsetzen? Möchtest du mich **zum Gespött** der Leute **machen**?

この帽子をかぶれというの？あなたは私をみんなの**笑いものにしたいの**？

② Durch diesen Skandal **machte** er sich[1] **zum Gespött** der Stadt.

このスキャンダルによって彼は町じゅうの**笑いものになった**。

③ Mit seiner eigenartigen Betonung **machte** sich der Nachrichtensprecher **zum Gespött** des gesamten Fernsehsenders.

奇妙なアクセントのせいでそのアナウンサーは全テレビ局の**嘲笑の的になった**。

④ Durch seine Affäre mit der jungen Krankenschwester **machte** der Chefarzt sich **zum Gespött** des ganzen Krankenhauses.

若い看護師とのスキャンダラスな事件で医長は病院じゅうの**笑いものになった**。

---

[1] sich⁴ zum Gespött machen　笑いものになる（4格の部分に再帰代名詞を用いる）

3格 **gewachsen sein**

…³ に力が匹敵する、…³ に十分対応できる

① Sie **ist** der schwierigen Situation **gewachsen**.
彼女にはこの困難な事態を**克服する力がある**。

② Er hatte schon viele Boxkämpfe gewonnen, doch diesem Gegner **war** er nicht **gewachsen**.
彼はすでに多くのボクシングの試合に勝っていたが、この敵には**力が及ば**なかった。

③ Die neue Ministerin **ist** ihren Aufgaben nicht **gewachsen**.
新大臣は彼女の課題を**克服する**力がない。

④ Denk nicht, dass ich dir nicht **gewachsen wäre**[1].
私が君に**太刀打ちできない**なんて考えないでくれ。

---

[1] 「私がお前に太刀打ちできない」という副文の内容が非事実であることを示すために接続法第2式が用いられている。

mit aller Gewalt

是が非でも、全力を挙げて

① **Mit aller Gewalt** versuchte er sie zu überreden.

何が何でも彼は彼女を説得しようとした。

② Die Polizei versuchte die Demonstranten **mit aller Gewalt** am Eindringen[1] in die Sperrzone zu hindern[2].

警察はデモ参加者が立ち入り禁止区域に入ろうとするのを**力ずくで**阻止しようとした。

③ **Mit aller Gewalt** versuchte die Bergsteigerin die Steilwand zu erklimmen.

全力でその女性登山家は急斜面をよじ登ろうとした。

④ Selbst wenn du **mit aller Gewalt** gegen die Tür trittst[3] – du kommst in dieses Haus nicht hinein.

仮に君が**強引に**ドアを蹴飛ばしても、君はこの家の中には入れない。

---

[1] das Eindringen eindringenから作られた中性名詞。
in+ 4格 eindringen …4に侵入する
[2] 4格 an+3格 hindern …4が…3するのを妨げる
[3] gegen die Tür treten ドアをける

auf+ 4格 Gewicht legen
…⁴ に重きを置く

① Unser Lehrer **legt** viel **Gewicht auf** die Grammatik.
私たちの先生は文法をとても**重視している**。

② Unsere Partei **legt** besonders[1] **Gewicht auf** Umweltpolitik.
われわれの党はとりわけ環境政策に**重きを置いている**。

③ Wor**auf** möchten Sie in Ihrer Eröffnungsansprache besonderes **Gewicht legen**?
あなたは開会の辞では何を**重視して**おられますか？

④ Besonders großes **Gewicht legt** man in Bhutan **auf** das Glück der Bevölkerung.
最重要視されているのはブータンでは国民の幸福である。

---

[1] besonders 強調するために用いられた副詞。

ein schlechtes / gutes Gewissen haben

良心のやましさを感じる／感じない

① Da der Student zu spät kam[1], **hatte** er **ein schlechtes Gewissen**.

その学生は遅刻してきたので、**気がとがめていた**。

② Als wir die enttäuschten Gesichter der Kinder sahen, **hatten** wir **ein schlechtes Gewissen**.

子供たちのがっかりした顔を見て私たちは**気がとがめた**。

③ **Hast** du **kein schlechtes Gewissen**[2], wenn du die Hausaufgaben abschreibst?

君は宿題を書き写したりして**やましく思わない**のか？

④ Euch gegenüber **habe** ich immer **ein gutes Gewissen**.

君たちに対して私はいつも**やましいところなどない**。

---

[1] zu spät kommen　遅刻する
[2] 打ち消す場合は否定冠詞keinを用いる。

es gibt+ 4格

…⁴ がある

① **Es gibt** gar keine Probleme.
まったく問題は**ない**。

② Wo **gibt es** hier ein gutes italienisches Restaurant?
この辺りで美味しいイタリアンレストランはどこか**あるでしょうか**？

③ Wie viele[1] Luftballons **gibt es** noch?
あとどのくらい風船が**ありますか**？

④ **Es gibt** Menschen, die immer alles besser wissen wollen.
常にすべてをよく知りたいと思う人間が**いる**。

---

[1] 複数1格、4格の名詞の前ではvielもvieleも可能なので、ここもwie vielとしてもよい。

zum Glück
幸運にも

① **Zum Glück** hat mich niemand gesehen.
幸い私はだれにも見られなかった。

② **Zum Glück** wurde niemand verletzt.
幸いなことにだれもけがをしなかった。

③ Das Flugzeug konnte **zum Glück** noch auf einer Autobahn notlanden.
飛行機は**幸運にも**高速道路の上に不時着できた。

④ In der Handtasche, die sie in der Bahn hatte liegen lassen[1], war **zum Glück** nichts Wertvolles gewesen.
彼女が電車に置き忘れたハンドバッグには**幸いなことに**何も高価なものは入っていなかった。

関連表現

auf gut Glück 運を天に任せて
　Er hat sie **auf gut Glück** zum Spaziergang abgeholt.
　彼は**出たとこ勝負**で彼女を散歩に誘いに行った。

Glück haben 運がよい
　Ich habe **Glück gehabt**.
　私は**運がよかった**。

---

[1] [4格] liegen lassen …⁴を置き忘れる（この場合のlassenは不定詞と同形の過去分詞。また副文では完了の助動詞habenは不定詞＋不定詞と同形の過去分詞の前に置かれる）

Gott sei Dank
ありがたいことに

① Die Kinder sind **Gott sei Dank** zurückgekommen.
子供たちは**幸いなことに**戻って来た。

② Ich habe ihn **Gott sei Dank** noch rechtzeitig warnen können.
彼にちょうどよいときに注意できて**よかった**。

③ Das Kind konnte im Krankenhaus **Gott sei Dank** gerettet werden.
その子供は病院で**幸いなことに**救われた。

④ Sein Geschwür hat sich **Gott sei Dank** als gutartig herausgestellt[1].
彼の潰瘍は**ありがたいことに**良性だとわかった。

---

[1] sich⁴ als ... herausstellen …であることがわかる

4格 in den Griff bekommen

…⁴ の扱いに慣れる、…⁴ を処理できるようになる

① Endlich ist es der Expedition gelungen, die Krise **in den Griff zu bekommen**.

ようやく探検隊は危機を**乗り越える**ことに成功した。

② Es ist schwierig, Jugendliche in der Pubertät noch irgendwie **in den Griff zu bekommen**.

思春期の若者の心を何とかして**つかむ**のは難しい。

③ Der neue Abteilungsleiter hat seine Angestellten alle gut **in den Griff bekommen**.

新しく来た部長は従業員みんな**の扱いを心得ていた**。

④ Erst[1] gegen Abend hatte die Polizei die Lage **in den Griff bekommen**.

晩になってようやく警察は事態を**掌握していた**。

関連表現

4格 im Griff haben …⁴の扱いを心得ている
Die Studenten **haben** die deutsche Grammatik noch nicht so ganz **im Griff**.
学生たちはドイツ語の文法をまだ完全には**身につけていない**。

---

[1] erst 時点を表す語句と「やっと、ようやく」。

um sich greifen
広まる

① Das Feuer **griff** schnell **um sich**.
火の手が急速に**広がった**。

② Damit die Gewalt unter den Schülern nicht **um sich greift**, müssen schnell Maßnahmen ergriffen werden.
暴力が生徒たちの間に**広がら**ないようにするために、早急に措置を講じなければならない。

③ Selbst[1] auf diesem renommierten Internat haben im letzten Jahr Drogen **um sich gegriffen**.
この有名な寄宿学校でさえ昨年は麻薬が**広まった**。

④ Durch die vermehrte Aufnahme von Flüchtlingen hat Fremdenhass **um sich gegriffen**.
難民収容の増加により外国人排斥が**広まった**。

---

[1] selbst 強調する語の前に置いて「…すら、…さえ」指示する語の後に置かれると、「…自身」(ich selbst 私自身)

im Großen und Ganzen
だいたいにおいて

① Die Leistungen meines Sohnes waren **im Großen und Ganzen** nicht schlecht.

息子の成績は**だいたいにおいて**悪くなかった。

② **Im Großen und Ganzen** kann man in dieser Stadt sehr angenehm leben.

総じてこの町はとても暮らしやすい。

③ Die Mannschaft war **im Großen und Ganzen** zufrieden mit den Ergebnissen der Weltmeisterschaft.

チームは**だいたいにおいて**ワールドカップの結果に満足していた。

④ **Im Großen und Ganzen** hat sich die Kampagne als erfolgreich erwiesen[1].

概してキャンペーンは成功したことが明らかになった。

---

[1] sich⁴ als ... erweisen …であることが明らかになる

im Grunde genommen

根本においては、結局は

① **Im Grunde genommen** hat er recht[1].

結局は彼は正しい。

② **Im Grunde genommen** habe ich nichts gegen Fußball, er interessiert mich nur nicht.

本当は私はサッカーに対して文句をつけたいのではなくて、ただ興味がないだけだ。

③ Er hat **im Grunde genommen** überhaupt keine sozialen Kontakte.

彼には**結局のところ**社会とのつながりがないのだ。

④ **Im Grunde genommen** ist die neue Software gar nicht so kompliziert.

根本的にはその新しいソフトウェアはまったくそれほど複雑ではない。

関連表現

auf Grund 2格 / von+3格 …に基づいて
Auf Grund meiner Erfahrungen habe ich meine Mitarbeiter beraten.
私の経験**に基づいて**部下にアドバイスをした。

ohne Grund 理由なしに
Er wird oft **ohne Grund** wütend.
彼はよく**何の理由もなしに**怒る。

---

[1] recht haben（言うこと・することが）正しい（Recht habenと大文字で書くこともある）（→ 258）

es gut haben
運がいい、恵まれている

① Er **hat es gut**.
彼は**うまくやっている**。

② Mein Vater **hat's**[1] **gut**: Er fliegt morgen geschäftlich nach Italien und kann dort jeden Tag Pizza essen.
父は**いいなぁ**。だって明日イタリアに出張してそこで毎日ピザが食べられるんだから。

③ Unsere Nachbarn haben jetzt einen Swimmingpool im Garten. Die **haben's gut**!
私たちのお隣さんたちの庭には今プールがある、彼らは**恵まれてる**。

④ Wir können Gott dafür danken, wie **gut** wir **es haben**.
私たちは**恵まれている**ことを神様に感謝しましょう。

---

[1] hat'sはhat esの短縮形。
'(アポストロフィ)はほとんどeの省略である。
Wie geht's dir? / Was gibt's? など。

so gut 1格 kann

…¹ のできる限り

① **So gut** ich **kann**, werde ich dir beistehen.
できる限り私は君を助ける。

② Ich lerne den Stoff für die Klassenarbeit, **so gut** ich **kann**.
私は授業の課題のための資料を**懸命に**勉強している。

③ Die Freunde halfen einander[1], **so gut** sie **konnten**.
友人たちは**出来る限り**互いに助け合った。

④ Bitte erledigen Sie die Aufgaben **so gut** Sie **können** – es muss nicht perfekt sein!
精一杯課題をやって来てください―完璧でなくてもいいので。

---

[1] einander 不変化の相互代名詞「お互いに」の意味で、Die Freunde halfen sich. と同様。

so gut wie
…も同然

① Das ist **so gut wie** unmöglich.
それは不可能**も同然**だ。

② Wir haben **so gut wie** kein Essen mehr im Kühlschrank. Geh[1] bitte heute noch einkaufen!
うちの冷蔵庫には**ほとんど**食べ物がない。今日のうちに買い物に行ってよ。

③ Der Abschlussbericht ist **so gut wie** fertig.
最終報告は終わった**と言っていい**。

④ Privates Vergnügen leistete sich meine Großmutter **so gut wie** nie.
私の祖母は自分のために楽しむなど一度もない**に等しい**。

---

[1] gehenはzuのない不定詞と用いられ「…しに行く」の意味。
schwimmen gehen　泳ぎに行く

um ein Haar[1)]

間一髪のところで、あやうく

① Ich wäre **um ein Haar** überfahren worden.

あやうく車にひかれるところだった。

② **Um ein Haar** wäre das Auto von der Klippe gestürzt.

あやうく車は岩場から落ちるところだった。

③ Bei dem Mordanschlag wäre der Politiker **um ein Haar** ums Leben gekommen[2)].

暗殺計画では政治家は**あやうく**命を落とすところだった。

③ **Um ein Haar** hätte der Zugführer das Reh auf den Gleisen übersehen.

間一髪のところで車掌は線路の上にいる鹿を見逃すところだった。

[1)] umは程度の差を表す前置詞で、「髪の毛1本の差で」の意味。
[2)] ums Leben kommen 死ぬ (➜ 205)

haben + zu 不定詞

〜しなければならない

① Ich **habe** noch **zu arbeiten**.

私はまだ**仕事がある**。

② Angeklagter[1], was **haben** Sie zu Ihrer Verteidigung **vorzubringen**?

被告人、弁護するために何か**申し立てることがありますか**？

③ Kleine Kinder **haben** sich Erwachsenen gegenüber[2] gut **zu benehmen**.

小さい子供たちは大人に対して行儀よく**しなければならない**。

④ Schließlich **hatte** die Putzfrau alles **aufzuwischen**, was[3] die Partygäste verschüttet hatten.

結局、掃除婦はパーティー客がこぼしたものを全部**拭きとらねばならなかった**。

---

[1] 呼びかけは無冠詞で1格を用いる。
[2] 「…3に対して」、3格支配の前置詞でこの例のように後置されることも多い。
[3] 不定関係代名詞wasの4格で、主文のallesが先行詞。

4格 hinter sich³ haben

…⁴ を終えている

① Er **hat** eine schwere Operation **hinter sich**.
彼は難しい手術を**済ませた**。

② Wir **haben** den schlimmsten Teil der Expedition **hinter uns**[1].
われわれは調査旅行の最悪な部分をすでに**終えた**。

③ Die Studenten sind froh, wenn sie die Prüfungen **hinter sich haben**.
学生たちは試験が**終わって**喜んでいる。

④ Die Pianistin war erleichtert[2], als sie ihre Amerikatournee **hinter sich hatte**.
ピアニストはアメリカ演奏旅行が**終わり**ほっとしていた。

---

[1] sichは再帰代名詞なので1人称と2人称親称では人称代名詞を代用する。
[2] erleichtert ほっとした、安堵した (erleichternの過去分詞から作られた形容詞)

halb ..., halb ...

半分は…で、半分は…

① Als er das Ergebnis erfuhr, war er **halb** froh, **halb** enttäuscht.
その結果を知ったとき、彼は**半ば**喜び、**半ば**がっかりした。

② Nach der langen Reise war er **halb** aufgedreht, **halb** erschöpft.
長旅を終えて彼は**半ば**高揚し、**半ば**疲れ果てていた。

③ Die neue Prüfungsordnung ist **halb** gut, **halb** schlecht.
新しい試験制度はよい**ところもあるが**、悪い**ところもある**。

④ Vom neuen Song[1] des Sängers war sein Produzent **halb** begeistert, **halb** enttäuscht.
その歌手の新しいポップソングにプロデューサーは**半ば**感激し、**半ば**失望した。

---

[1] Song [ゾング/ソング] 男 [-s / -s]　ポップソング

4格 für ... halten[1]

…⁴ を…と思う

① Ich **halte** ihn **für** ehrlich.
私は彼を正直だ**と思っている**。

② Obwohl er nicht verurteilt war, **hielten** die Bewohner der Stadt ihn **für** den Mörder.
彼は有罪にならなかったが、その町の住民たちは彼が殺人犯だ**と思っていた**。

③ Die Historiker **hielten** die Verwüstung der Ausgrabungsstätte **für** ein unverzeihliches Vergehen.
歴史学者たちは発掘場所の荒廃を許すことのできない行為だ**と思った**。

④ Der Schiedsrichter **hielt** das Tor **für** ein Abseits.
レフリーはそのゴールをオフサイドだ**とみなした**。

---

[1] für の後には4格の名詞や形容詞が置かれる。

[4格] in die Hand nehmen

…⁴ を引き受ける

① Er muss die Leitung des neuen Projekts **in die Hand nehmen**.
彼は新しいプロジェクトの指導を**引き受け**ねばならない。

② Nachdem sein Kollege ihn mehrmals enttäuscht hatte, wollte er das Projekt lieber selbst **in die Hand nehmen**.
同僚に再三期待を裏切られてから、彼はむしろ自分でそのプロジェクトを**手掛けてみよう**とした。

③ Der Rektor bat den Klassenlehrer, die Planung der Klassenfahrt allein **in die Hand** zu **nehmen**.
校長は担任に修学旅行の計画をひとりで**引き受けてくれる**よう頼んだ。

④ Da der Kellner betrunken war, **nahm** die Gastgeberin[1] die Bewirtung der Gäste selbst **in die Hand**.
ウエイターが酔っ払ってしまったので、招待者の夫人が自ら客を**もてなし**た。

関連表現

rechter Hand / zur rechten Hand 右側に
　Unsere Uni liegt **rechter Hand** vom Rathaus.
　私たちの大学は市役所の**右手に**ある。

Hand in Hand 手に手をとって、協力して
　Bei unserer Firma arbeiten Japaner und Ausländer **Hand in Hand**.
　私たちの会社では日本人と外国人が**協力して**働いている。

---

[1] Gastgeberin （客を迎える側の）主人、Gastgeber（ホスト）の女性形

es handelt sich um+ 4格 [1)]

…⁴ が問題である

① **Es handelt sich um** einen neuen Virus.
その新しいウィルスのことが**問題だ**。

② Bei seiner Doktorarbeit **handelt es sich um** ein Plagiat.
彼の博士論文については盗作が**問題になっている**。

③ **Worum handelt es sich** bei den Vorwürfen gegen den Bürgermeister?
市長に対する非難で、**何が問題になっているのですか**？

④ Bei dem Täter **handelte es sich nicht um** den Mann, den die Polizei im Visier[2)] hatte.
犯人については、警官が狙いを定めていたその男**ではなかった**。

[1)] 重要な非人称熟語、esは文頭以外でも省略できない。
[2)] 4格 im Visier haben …⁴を狙っている、…⁴に狙いを定めている

ein alter Hase sein

ベテランである

① Er **ist** hier **ein alter Hase**.

彼はここでは**ベテラン**だ。

② Auf dem Gebiet der Stammzellenforschung **ist** er **ein alter Hase**.

幹細胞研究の分野では彼が**第一人者である**。

③ Die Kindergärtnerin **war ein alter Hase** und ließ[1] sich von kleineren[2] Problemen nicht verunsichern.

その幼稚園教諭は**ベテラン**で些細なことでは動揺しなかった。

④ Als **alter Hase** in der Politik **war** der Parteisprecher den Umgang mit der Presse gewohnt[3].

政界の**やり手として**党のスポークスマンは報道陣の扱いに慣れていた。

---

[1] sich 他動詞 lassen …されうる、できる（ここでは「動揺することはない」という意味）

[2] kleineren kleinの絶対比較級の用法。「比較的小さな」の意味。

[3] 4格 gewohnt sein …[4]に慣れている

da liegt der Hase im Pfeffer[1]

そこに問題がある

① Wir haben dafür keine Zeit. **Da liegt der Hase im Pfeffer**.

私たちには時間がない。**それが問題だ**。

② Sie ist nicht dumm oder faul, aber sie hat Prüfungsangst. **Da liegt der Hase im Pfeffer**.

彼女は馬鹿でも怠け者でもないが、試験に対して不安があるのだ。**そこに問題がある**。

③ Das Übergewicht vieler Kinder entsteht durch Bewegungsmangel. **Da liegt der Hase im Pfeffer**.

多くの子供たちの体重増加は運動不足が原因だ。**それが問題だ**。

④ Wirtschaftliche Interessen gelten[2] als wichtiger als die Einhaltung der Menschenrechte. **Da liegt der Hase im Pfeffer**.

経済的利益が人権の遵守よりも重要だとみなされている。**それが問題だ**。

---

[1] der Hase im Pfeffer　こしょうをきかせたウサギ→すでに料理されたウサギ→どうしようもないもの→問題・難点となった

[2] als / für ... gelten　…とみなされている

aus der Haut fahren
かっとなる

① Der Professor **fährt** leicht **aus der Haut**.
その教授はすぐに**かっとなる**。

② Wenn ich diesen Politiker sehe, könnte[1] ich jedes Mal **aus der Haut fahren**.
私はこの政治家を見るたびに、**かっとなるだろう**。

③ Der Lehrer **fuhr** vor Wut **aus der Haut**, als der Schüler ihm freche Antworten gab.
生徒が小馬鹿にしたような答え方をしたとき、教師は怒りで**かっとなった**。

④ Man darf nicht gleich **aus der Haut fahren**, wenn man sich ärgert.
腹立たしいからといって、すぐに**かっとなって**はいけない。

---

[1] könnte ～かもしれない(könnenの接続法第2式)

schweren Herzens
重苦しい気持ちで

① **Schweren Herzens** verließ er seine Heimat.
重苦しい**気持ちで**、彼は故郷を後にした。

② **Schweren Herzens** musste er seine Wohnung in Berlin aufgeben.
いやいやながら彼はベルリンの住まいを断念しなければならなかった。

③ **Schweren Herzens** vernahm der Verteidiger den Urteilsspruch gegen seinen Mandanten.
重苦しい気持ちで弁護人は彼の依頼人に対する判決を聞いていた。

④ Schließlich musste sich die Mutter **schweren Herzens** von ihrem Sohn verabschieden[1].
最後に母は**つらい気持ちで**息子に別れを告げなければならなかった。

関連表現

von ganzem Herzen 心から
　Ich danke Ihnen **von ganzem Herzen**.
　心からお礼を申し上げます。

sich³ ein Herz fassen 勇気を奮い起す
　Ich musste **mir ein Herz fassen**, bevor ich ihn anrief.
　私は彼に電話をかける前に**覚悟を決めなければ**ならなかった。

3格 am Herzen liegen …³の気にかかる
　Das **liegt mir** sehr **am Herzen**.
　そのことがとても**気になって仕方がない**。

---

[1] sich⁴ von+3格 verabschieden …³に別れを告げる

mit Hilfe 2格 / von+3格

…を使って

① **Mit Hilfe** eines Wörterbuches können die Studenten in meiner Klasse schon deutsche Zeitungen lesen.

辞書**の助けを借りれば**、私のクラスの学生はもうドイツの新聞を読むことができる。

② Die alte Dame konnte nur **mit Hilfe von** Krücken aus dem Bett steigen[1].

老婦人は杖**を使えば**ベッドから降りることができた。

③ **Mit Hilfe** eines Rollstuhls können sich Behinderte[2] gut in diesem Gebäude bewegen.

車いす**の助けを借りれば**障害者はこの建物内を無事に動くことができる。

④ Dieses Regal habe ich **mit Hilfe** der Anleitung selbst zusammengebaut.

この棚を私はマニュアル**を読んで**自分で組み立てた。

関連表現

3格 Hilfe leisten …³を助ける
Wir müssen den Opfern **Hilfe leisten**.
私たちは被災者たちに**援助の手を差し伸べる**べきだ。

---

[1] aus dem Bett steigen　ベッドから降りる
[2] Behinderte 障害者、身障者　behindern（妨げる）の過去分詞（behindert）の名詞的用法。

hin und her
あっちこっちへ、行ったり来たり

① Der Berufsanfänger fährt immer geschäftlich **hin und her**.
その新入社員はいつも仕事で**あちこち**飛び回っている。

② Das Pendel der großen Uhr schwang geräuschlos **hin und her**.
大時計の振り子は音もなく**左右に**揺れていた。

③ Nervös ging der Mann auf dem Flur **hin und her**.
いらいらしてその男は廊下を**行ったり来たり**していた。

④ Bei der Gerichtsverhandlung schaute die Zeugin[1] verunsichert zwischen dem Richter und dem Staatsanwalt **hin und her**.
公判の際に証人は裁判官と検事の間で不安げに**きょろきょろ**見ていた。

> **関連表現**
>
> hin und zurück 往復で
> Bitte einmal Berlin **hin und zurück**!
> ベルリンまで**往復**1枚ください。

---

[1] Zeugin （女性の）証人 [男性形] der Zeuge [男性弱変化名詞]

über + 4格 hinaus

…⁴ を越えて

① Der Alpinist ist schon **über** die Grenze **hinaus**.
その登山家はすでに国境**を越えた**。

② Der Kundenservice dieser Firma geht weit[1] **über** das übliche Maß **hinaus**.
この会社の顧客サービスは通常のレベルをはるかに**超えている**。

③ Der Umfang ihrer Dissertation ging weit **über** die geforderte Seitenzahl **hinaus**.
彼女の博士論文の分量は要求されたページ数をはるかに**超えていた**。

④ Unser Nachbarschaftsstreit ging **über** das Erträgliche[2] **hinaus** und musste vor Gericht geklärt werden.
われわれの近所の争いは我慢の限界**を越えており**、告訴しなければならなかった。

---

[1] 強調するときは副詞のweit（はるかに）を用いる。
[2] Erträgliche 形容詞 erträglich（耐えられる、我慢できる）の名詞的用法。

im Hinblick auf+ 4格

…⁴ を考慮して

① **Im Hinblick auf** die Gesundheit fiel sie gestern aus.
健康**のことを考えて**彼女はきのう欠勤した。

② **Im Hinblick auf** seine langjährige Erfahrung bin ich dafür[1], den Kollegen auch weiter zu beschäftigen.
同僚の長年の経験**を鑑みて**私は彼をさらに雇うことに賛成だ。

③ **Im Hinblick auf** die rückläufigen Besucherzahlen musste der Zoo einige Tierpfleger entlassen.
動物園は来園者の減少**を顧慮して**飼育員を何人か解雇しなければならなかった。

④ **Im Hinblick auf** den schlechten Kartenvorverkauf musste der Veranstalter einige Konzerte absagen.
前売りチケットの売れ行きの悪さ**を考慮して**主催者はコンサートを二三、取りやめなければならなかった。

---

[1] dafür …に賛成する（「反対する」はdagegen）

in jeder / vieler Hinsicht

あらゆる/多くの点で

① Das Schloss ist **in jeder Hinsicht** gut geplant.

この城は**あらゆる点で**よく設計されている。

② Der reiche und gutaussehende Thronfolger war **in jeder Hinsicht** eine gute Partie.

その裕福で器量のよい王位後継者は**あらゆる点で**よき結婚相手だった。

③ Ein Besuch im Museum ist nicht nur unterhaltsam, sondern auch **in vieler Hinsicht** lehrreich.

博物館の訪問は楽しいだけでなく**多くの点で**もためになる。

④ Wenn ich seine Argumente höre, muss ich ihm **in vieler Hinsicht** recht geben.

彼の論証を聞けば、私は**多くの点で**彼のことを正しいと認めざるをえない。

関連表現

in Hinsicht auf+ 4格 …⁴に関して
　In Hinsicht auf die Kosten haben wir gar keine Sorge.
　費用**については**われわれはまったく心配していない。

vor die Hunde gehen

落ちぶれる、滅びる

① Die im 20. Jahrhundert so mächtige Firma ist plötzlich **vor die Hunde gegangen**.

20世紀にあれほど強大だったその会社は急に**転落してしまった**。

② Das ehemals prächtige Kaufhaus ist mittlerweile ganz **vor die Hunde gegangen**.

かつての豪奢なデパートもその間にすっかり**落ちぶれてしまった**。

③ Niemand hätte geahnt, dass dieses Land einmal so **vor die Hunde gehen** würde[1].

この国がいつかこんなに**落ちぶれる**だろうとは誰も予感しなかっただろう。

④ Die Moral in unserer Gesellschaft scheint[2] langsam **vor die Hunde** zu **gehen**.

われわれの社会のモラルは次第に**低下している**ように思われる。

---

[1] 典型的な接続法第2式の用法。
主文「予感しなかっただろう」＝過去、副文「この国がいつかこんなに落ちぶれるだろうとは」＝現在の組み合わせ。

[2] scheinen + zu不定詞　…のように見える、思われる（➡ **273**）

4格 unter einen Hut bringen

…⁴ を一つにまとめる

① Es ist fast unmöglich, viele Menschen **unter einen Hut** zu **bringen**.

多くの人々の考えを**一つにまとめる**のはほとんど不可能だ。

② Es war schwierig, die unterschiedlichen Wünsche der Reiseteilnehmer **unter einen Hut** zu **bringen**.

旅行参加者のさまざまな望みを**一つにまとめる**のは難しかった。

③ Der Bankangestellte hatte Probleme, die vielen Anliegen seiner Kunden **unter einen Hut** zu **bringen**.

銀行員は顧客の多くの要望を**まとめる**のに悩んでいた。

④ Die zahlreichen Ideen der Schüler für die Klassenfahrt waren[1] kaum **unter einen Hut** zu **bringen**.

修学旅行に対しての生徒の数多くのアイデアはほとんど**まとまる**ことはなかった。

---

[1] sein + zu不定詞=受動の可能、当然「…されうる、されるべき」。

für immer

いつまでも、永遠に

① Ich möchte **für immer** in dieser Firma arbeiten.
私は**いつまでも**この会社で働きたい。

② Willst du **für immer** in dieser Bruchbude leben?
君はこんなあばら屋に**ずっと**住むつもりかい？

③ Dieses Versprechen gilt **für immer**, solange ich lebe.
この約束は私が生きている限り**永遠に**有効だ。

④ Es sieht so aus, als wolle er **für immer** Vorsitzender des Kegelvereins bleiben.
彼はあたかも**いつまでも**ボウリング協会の会長に留まりたいと望んでいるかのように見える。

関連表現

immer noch / noch immer 相変わらず
Bist du denn mit den Hausaufgaben **immer noch** nicht fertig?
おまえは**相変わらず**まだ宿題が終わらないのか？

imstande sein

…をすることができる

① Wir **sind** nicht mehr **imstande**, ihm weiter zu helfen.

私たちはもうこれ以上彼を**援助でき**ない。

② Der Bademeister **war** nicht **imstande**, die streitenden[1] Badegäste zur Ruhe zu bringen.

プールの監視員は争っている客たちを落ち着かせる**ことができ**なかった。

③ Der angetrunkene Akrobat **war** nicht mehr **imstande**, seine Kunststücke vorzuführen.

ほろ酔い気分の曲芸師はもはや曲芸を披露**することができ**なかった。

④ Nimm dich vor ihm in Acht[2]
– er **ist** zu jeder Rücksichtslosigkeit **imstande**.

彼に用心しなさい ― 彼はどんな情け容赦ないことも**できる**人だ。

---

[1] streiten (争う) の現在分詞が付加語的に用いられた例。
[2] sich⁴ vor+3格 in Acht nehmen …³に用心する、警戒する

4格 in die Irre führen

…⁴ をだます、…⁴ を道に迷わせる

① Der Mann hat viele Studenten **in die Irre geführt**.
あの男は何人もの学生を**道に迷わせた**。

② Die Hexe hat die Kinder im Wald schnell **in die Irre geführt**.
魔女は森の中の子供たちをすぐさま**道に迷わせた**。

③ Die Interessenten ließen sich von den Versprechungen[1] des Maklers **in die Irre führen**.
応募者は不動産屋の約束に**だまされた**。

④ Lassen Sie sich von[2] diesem Betrüger nicht **in die Irre führen**!
この詐欺師に**だまされ**ないように。

関連表現

in die Irre gehen 道に迷う、思い違いをする
In diesem riesigen Themenpark können die Kinder leicht **in die Irre gehen**.
この巨大なテーマパークでは子供たちは簡単に**道に迷ってしまう**。

---

[1] Versprechungen 約束（ふつう複数で用いる）
[2] von …によって（行為の主体・原因を表す前置詞）

je+比較級, desto+比較級[1]

…であればあるほど、ますます…

① **Je** mehr, **desto** besser.
多ければ多いほどよい。

② **Je** reicher man wird, **desto** geiziger wird man.
金持ちになればなるほどますます守銭奴になる。

③ **Je** öfter ich diesen Satz lese, **desto** weniger verstehe ich ihn.
この文を何度読んでも私はますます理解できない。

④ **Je** lauter der Redner wurde, **desto** mehr Menschen wandten sich ab.
講演者が大声になればなるほど人々はそっぽを向いた。

---

[1] 語順に注意が必要、je比較級の文では定動詞は後置される。

Karriere machen
出世する

① Sie hat unter den Klassenkameraden am schnellsten[1] **Karriere gemacht**.

彼女が同級生の中で最も早く**出世した**。

② Wenn du **Karriere machen** willst, musst du deine Kontakte pflegen.

出世したいと思うなら、付き合いを大切にしなさい。

③ Viele Frauen wollen heute trotz der Kinder **Karriere machen**.

今日多くの女性は子供がいても**出世し**たいと思っている。

④ Schon seit seiner Kindheit wollte er als Schriftsteller **Karriere machen**.

すでに子供の頃から彼は作家として**成功し**たいと思っていた。

---

[1] am schnellsten 副詞schnellの最上級。

für die Katz[1] sein

何の役にも立たない

① Die Vorbereitungen **waren für die Katz**.

準備は**何の役にも立たなかった**。

② Das Putzen des Hauses vor der Party war vollkommen **für die Katz gewesen**.

パーティーの前の家の掃除などまったく**何の役にも立たなかった**。

③ Nachdem der Chef sich für einen anderen Kandidaten entschieden hatte, wusste er, dass seine Bewerbung **für die Katz gewesen war**.

部長が別の候補を立てると決めた後で、彼は自分の応募が**無駄だった**ことを知った。

④ Alles Lernen **war für die Katz** – ich bin im Test durchgefallen[2].

全部学んだことが**無駄だった** ― 私はテストに落ちた。

---

[1] Katzeを用いることもある。
[2] durchfallen 試験などに落ちる人（sein支配）

4格 in Kauf nehmen

…⁴ を我慢する、…⁴ を甘受する

① Beim Ausverkauf muss man auch etwas schlechte Qualität **in Kauf nehmen**.

安売りなら多少品質が悪くても**仕方がない**。

② Sie arbeitet fleißig. Man muss also **in Kauf nehmen**, dass sie ein bisschen langsam ist.

彼女は真面目にやっている。だから仕事が少し遅いことは**大目に見てやらないといけない**。

③ Für seinen Betrug musste der Firmenmanager eine Gefängnisstrafe **in Kauf nehmen**.

その会社の経営者は詐欺で禁固刑を**甘んじて受けなければならなかった**。

④ Wer Eishockeyprofi[1] sein will, muss auch Verletzungen **in Kauf nehmen**.

プロアイスホッケー選手でありたいのなら怪我も**我慢しなければならない**。

---

[1] Eishockeyprofi　プロアイスホッケー選手

kaum ... , als ...[1]

…するやいなや、…

① Sie war **kaum** aus dem Zimmer, **als** das Telefon klingelte.
彼女が部屋から出て行こう**としたとたんに**電話が鳴った。

② Er war **kaum** ans Rednerpult getreten, **als** die Buhrufe auch schon erschallten.
彼が演台に**つくやいなや**ブーイングの嵐だった。

③ Die Maschine war **kaum** gelandet, **als** die Fluggäste auch schon ihre Gurte lösten.
飛行機が到着**するやいなや**乗客たちもすでにシートベルトを外していた。

④ Die Maus hatte **kaum** aus dem Loch geschaut, **als** die Katze auch schon auf sie zusprang[2].
ネズミが穴から顔を出す**やいなや**猫はネズミに飛びかかった。

---

[1] alsは従属の接続詞ゆえ定動詞は後置される。
[2] auf+ 4格 zuspringen …⁴に飛びかかる

4格 zur Kenntnis nehmen

…⁴ を承知する、…⁴ に注意を払う

① Man muss **zur Kenntnis nehmen**, dass es nicht genug Lebensmittel gibt.

食料品が十分でないことに**注意し**なければならない。

② Der Präsident hat den Rücktritt seines Außenministers mit Verbitterung **zur Kenntnis genommen**.

大統領は外務大臣の辞任を不承不承**承諾した**。

③ Bitte **nehmen** Sie **zur Kenntnis**, dass die Getränke in der Minibar kostenpflichtig sind.

ミニバーのお飲み物は有料でございますことを**ご承知おき**ください。

④ Dass unsere Schadenersatzforderung[1] Erfolg hatte, haben wir mit Erleichterung **zur Kenntnis genommen**.

われわれの損害賠償請求がうまくいったこと**を知って**安堵した。

関連表現

3格 4格 zur Kenntnis bringen …³に…⁴を知らせる

Das Ergebnis der Prüfung wird in[2] 2 Wochen **zur Kenntnis gebracht**.

試験の結果は2週間後に**知らされる**。

---

[1] Schadenersatzforderung 損害賠償の請求
[2] in …後に(「これから経過する時間・期間の後に」)過去における時間の経過にはnachを用いる。

von klein auf[1]

幼いころから

① Meine Mutter hat **von klein auf** Klavier gelernt.
私の母は**幼いころから**ピアノを習っていた。

② Der Name ist mir schon **von klein auf** bekannt.
その名前は**幼かったときから**すでに耳にしている。

③ Er war **von klein auf** ein begeisterter Naturwissenschaftler gewesen.
彼は**幼いころから**自然科学に夢中だった。

④ Der Zoodirektor hatte sich **von klein auf** für Tiere interessiert[2].
動物園長は**幼いころから**動物に興味があった。

関連表現

ganz klein werden しょんぼりする
　Als sie ihm das sagte, **wurde** er **ganz klein**.
　彼女が彼にそれを言うと、彼は**しょんぼりしてしまった。**

---

[1] von klein an も用いられる。
[2] sich⁴ für+4格 interessieren …⁴に興味を持つ

in der Klemme sitzen

窮地にある

① Die Leute in diesem Land **sitzen** jetzt **in der Klemme**.

この国の人々は現在**窮地にある**。

② Da ich zu lange mit meiner Entscheidung gewartet[1] habe, **sitze** ich nun **in der Klemme**.

あまりにも長く決断を先延ばしにしていたので、私は今**窮地に陥っている**。

③ Als sein Auto mitten auf der Autobahn liegenblieb, **saß** er ganz schön **in der Klemme**.

彼の車が高速道路のまん中で立ち往生した時、彼はすっかり**途方に暮れた**。

④ Sein bester Freund half ihm jedes Mal, wenn er **in der Klemme saß**.

彼が**苦境にある**ときにはいつも親友が助けてくれた。

---

[1] mit+ 3格 warten …³をしないで待つ、先に延ばす

bis auf die Knochen

完全に、徹底的に

① Die Kinder sind nass **bis auf die Knochen** nach Hause gekommen.

子供たちは**ずぶぬれになって**家に帰って来た。

② Die neue Regierung ist **bis auf die Knochen** korrupt.

新政府は**完全に**腐敗している。

③ Trau[1] ihm nicht: Er ist **bis auf die Knochen** verlogen.

彼を信用するな。**まったくの**嘘つきだ。

④ Die Menschen in diesem Land sind **bis auf die Knochen** geizig.

この国の人々は**徹底的に**けちだ。

---

[1] [3格] trauen …³を信用する

zu sich³ kommen

正気を取り戻す、我に返る

① In einer Stunde **kam** er **zu sich**.

１時間後彼は**意識を取り戻した**。

② Der verletzte Autofahrer **kam** erst im Krankenhaus wieder **zu sich**.

負傷した運転手は病院でようやく**意識が目覚めた**。

③ Von dem langen Flug bin ich ganz benommen. Ich muss erst einmal wieder **zu mir kommen**.

長い飛行で私はかなりぼうっとしている。まずは**正気に戻る**必要がある。

④ Als wir **zu uns kamen**, hatten die Entführer uns alle gefesselt[1].

私たちが**我に返った**とき、乗っ取り犯たちはわれわれ全員を縛っていた。

---

[1] 時制に注意。alsに導かれた副文は過去で、主文は過去完了になっている。

mit+3格 in Konflikt geraten / kommen

…³ に違反する、…³ と衝突する

① Wir sind **mit** dem Hausmeister **in Konflikt gekommen**.
私たちは管理人と**もめ事を起こしてしまった**。

② Die verfeindeten Gruppen waren vor einigen Jahren erstmals **miteinander in Konflikt geraten**.
敵対するグループは数年前にはじめて**互いに衝突した**。

③ Ich bin noch nie **mit** dem Nachbarn[1] **in Konflikt geraten**.
私はまだ一度もご近所と**もめた**ことはない。

④ Als er 14 Jahre alt war, **geriet** er das erste Mal **mit** dem Gesetz **in Konflikt**[2].
彼が 14 歳だったとき、はじめて法律**に触れた**。

---

[1] dem Nachbarn 男性弱変化名詞 1格 der Nachbar
[2] mit dem Gesetz in Konflikt geraten 法律に違反する

4格 aus dem Konzept bringen

…⁴ をうろたえさせる

① Ihre Frage hat ihn **aus dem Konzept gebracht**.
彼女の質問は彼を**うろたえさせた**。

② Als das Telefon während der Besprechung klingelte, war der Vorsitzende sogleich **aus dem Konzept gebracht**[1].
協議の間に電話が鳴るとすぐさま議長は**狼狽した**。

③ Er ist sehr konzentriert und lässt sich nicht so leicht **aus dem Konzept bringen**.
彼は非常に集中しており容易に**うろたえる**ようなことはない。

④ Mit deinen ständigen Themenwechseln **bringst** du mich ganz **aus dem Konzept**.
君がしょっちゅうテーマを変えるので私はすっかり**混乱している**。

---

[1] war ... gebracht 状態受動の過去。

4格 auf den Kopf stellen

…⁴ をひっくり返す、…⁴ をめちゃくちゃにする

① Die Kinder haben das ganze Haus **auf den Kopf gestellt**.
子供たちは家じゅうを**めちゃくちゃに散らかした**。

② Ich habe mein ganzes Zimmer **auf den Kopf gestellt**, aber ich konnte den Ring nicht finden.
私は部屋じゅうを**ひっかき回した**が指輪を見つけることはできなかった。

③ Der Minister **stellte** das gesamte Amt **auf den Kopf**, um seine Pläne durchzusetzen[1].
大臣は彼の計画をやり遂げようと局全体を**かき回した**。

④ Beim Saubermachen hat die neue Putzfrau unser Haus ganz **auf den Kopf gestellt**.
掃除の際に新しい掃除婦はわが家をすっかり**ひっかき回した**。

関連表現

den Kopf verlieren うろたえる
　Mein Freund ist im Examen durchgefallen und hat **den Kopf verloren**.
　友だちは試験に落ちて**うろたえていた**。

---

[1] den Plan durchsetzen　計画をやり遂げる　durchsetzenは分離動詞。

auf Kosten 2格

…² の費用負担で、…² を犠牲にして

① Der letzte Drink geht **auf Kosten** des Hauses!
最後の一杯はうちの**おごり**だ。

② Die Getränke gehen **auf** meine **Kosten**[1].
飲み物は私が**払う**。

③ Es geht **auf Kosten** deiner Gesundheit, wenn du immer nur Fastfood isst.
いつもファストフードばかり食べていたら健康を**損なう**よ。

④ Er lebt **auf Kosten** seiner Familie, weil er zu faul zum Arbeiten ist.
彼は怠け者で働かないので、彼の家族を**犠牲にして**暮らしている。

関連表現

auf eigene Kosten 自己負担で
  Haben Sie die ganze Reise **auf eigene Kosten** gemacht?
  あなたはその旅行の費用を全額**自分でまかなった**のですか？

---

[1] 付加語の2格のかわりに所有冠詞を用いた例。

aus eigener Kraft
自力で

① Die Passagiere erreichten **aus eigener Kraft** das Ufer.
乗客は**自力で**岸にたどり着いた。

② Unser Sohn muss endlich lernen, Entscheidungen[1] **aus eigener Kraft** zu treffen.
私たちの息子はいい加減に**自分で**決断することを学ばないといけない。

③ Der Gefangene[2] konnte sich **aus eigener Kraft** befreien.
捕虜は**自力で**自由になった。

④ Ich möchte die Prüfung ohne deine Hilfe **aus eigener Kraft** bestehen.
私は君の助けなしで試験に**自力で**合格したい。

関連表現

in Kraft sein / stehen 効力がある
Diese Regeln **sind** weiterhin **in Kraft**.
これらの決まりは今後も**有効である**。

---

[1] eine Entscheidung treffen 決定を下す (→ 090)
[2] der Gefangene 囚人、捕虜 (fangen「捕らえる」の過去分詞gefangenの名詞的用法)

an+ 3格 Kritik üben

…³ を批判する

① Alle **üben an** seiner neuen Methode **Kritik**.
みなが彼の新しいやり方を**批判している**。

② **An** den Methoden des Sportlehrers **übten** sowohl[1] Schüler als auch Eltern **Kritik**.
体育教師のやり方を生徒も親も**批判した**。

③ Es ist nicht leicht, **an** ihr **Kritik** zu **üben**, denn sie ist schnell beleidigt.
彼女を**批判する**のは容易ではない、というのも彼女はすぐに傷つくからだ。

④ Der UN-Sicherheitsrat **übte** scharfe **Kritik an** der Besetzung der Region.
国連安全保障理事会はその地方の占領を厳しく**非難した**。

関連表現

unter jeder / aller Kritik sein 話にならない
　Sein Vorschlag **war unter aller Kritik**.
　彼の提案は**話にならなかった**。

---

[1] sowohl ... als / wie [auch] ...　…も…も（→ 289）

sich⁴ um+ 4格 kümmern

…⁴ の面倒をみる

① Meine Schwester **kümmert sich um** die Katze.
姉が猫の**世話をする**。

② Bitte **kümmern** Sie **sich um** das Kind.
その子供の**面倒をみて**やってください。

③ Er **kümmerte sich** nicht **um** seine Gesundheit.
彼は自分の健康のことなど**気にかけ**ない。

④ Wir **kümmern uns** gern **um** Ihre Wohnung, solange[1] Sie im Urlaub sind.
私たちはよろこんであなたの休暇中お住まいの**世話をします**。

---

[1] solange …の間は（従属の接続詞なので定動詞は後置される）

vor kurzem[1]

最近

① Er ist **vor kurzem** nach Kyoto gezogen.
彼は**最近**京都に引っ越した。

② Bis **vor kurzem** hatten wir einen Hund, doch er ist gestorben.
最近まで私は犬を飼っていたが死んでしまった。

③ Das neue Arbeitsgesetz ist **vor kurzem** erlassen worden.
新しい労働法が**最近**公布された。

④ Die Familie ist **vor kurzem** bei uns in der Nachbarschaft[2] eingezogen.
その家族は**最近**私たちの近所に越してきた。

関連表現

seit kurzem 少し前から
　Meine Eltern sind **seit kurzem** in Deutschland.
　私の両親は**先日**来ドイツに行っている。

kurz und bündig 簡潔に
　Der Minister hat das neue System **kurz und bündig** erklärt.
　大臣は新しい制度について**簡潔に**説明した。

sich[4] kurz fassen 手短に述べる
　Ich möchte **mich kurz fassen**.
　手短に述べよう。

---
[1] vor Kurzemと大文字書きされることもある。
[2] in der Nachbarschaft 近所に

in der Lage sein

…ができる状況にある

① Ich **bin** leider **nicht in der Lage**, dir zu helfen.

私は残念ながら君を助けられる**状況にない**。

② Er **ist** ein sanfter Mensch und wäre **niemals in der Lage**, ein Tier zu quälen.

彼は穏やかな人で動物をいじめることなんて決して**できない**でしょう。

③ Trotz seiner Krankheit **war** er noch **in der Lage**, seine Arbeit zu erledigen.

病気にもかかわらず、彼はなんとか仕事をかたづけることが**できた**。

④ Unser Zulieferer war so beschäftigt, dass er **nicht in der Lage war**, seinen Lieferverpflichtungen rechtzeitig nachzukommen.

私たちの下請け業者は多忙のため納入義務を期限内に果たせる**状況でなかった**。

4格 auf Lager haben

…⁴ の在庫がある、…⁴ を持ち合わせている

① **Haben** Sie das Wörterbuch noch **auf Lager**?

この辞書はまだ**在庫にありますか**？

② Meine Chefin ist sehr humorvoll und **hat** immer ein paar[1] gute Witze **auf Lager**.

私の女性の上司はとても機知に富んでいて、いつも二三の面白い冗談を**持ち合わせている**。

③ Sein Sohn spielte gern mit dem Nachbarsjungen, denn[2] der[3] **hatte** immer gute Ideen **auf Lager**.

彼の息子は隣の少年と遊ぶのが好きだ、なぜならその少年はいつもよいアイデアが**浮かぶ**からだ。

④ Ich wollte gleich mehrere Druckerpatronen kaufen, aber der Verkäufer **hatte** nicht genug davon **auf Lager**.

私はすぐにもいくつかプリンターインクのカートリッジを買おうとしたが、店員は十分な**在庫を持って**いなかった。

---

[1] ein paar 二三の（無語尾で用いる） 英語：*a few* (➜ 246)
[2] denn 並列の接続詞で語順に影響を与えない。
[3] der Nachbarsjunge を示す指示代名詞。

nicht länger

もうこれ以上…ない

① Ich kann **nicht länger** warten.
私は**もうこれ以上**待て**ない**。

② Der Lehrer konnte die dummen Fragen des Schülers **nicht länger** ertragen.
教師は生徒のくだらない質問に**もうこれ以上**我慢でき**なかった**。

③ Die Mutter wollte ihren Sohn zur Vernunft[1] bringen, doch er hörte ihr **nicht länger** zu.
母親は息子を正気に返らせようとしたが、彼は**もはや**彼女の言うことに耳を傾け**なかった**。

④ Nachdem es vor der Premiere zum Streit gekommen war, wollte die Schauspielerin **nicht länger** mit dem Regisseur zusammenarbeiten.
初演前に争いになったので、女優は**もはや**監督と一緒にやるつもり**にならなかった**。

---

[1] [4格] zur Vernunft bringen …を正気に返らせる

seit langem
ずっと前から

① **Seit langem** kenne ich diese Familie.
ずっと以前から私はこの家族を知っている。

② Er hatte seine Tante **seit langem** nicht gesehen.
彼はおばに**ずっと以前から**会っていなかった。

③ Unser Kollege leidet[1] schon **seit langem** an Alzheimer.
私たちの同僚はすでに**ずっと前から**アルツハイマーだ。

④ Die Verkäuferin hatte schon **seit langem** nach einer neuen Stelle gesucht[2].
その店員はすでに**ずっと以前から**新しい職を探していた。

---

[1] an+3格 leiden …³の病気にかかっている、…³で苦しむ
[2] nach+3格 suchen …³を探す

[4格] in die Länge ziehen

…⁴ を長引かせる

① Er **zieht** immer die Besprechung **in die Länge**.
彼はいつも打合せを**長引かせる**。

② Lassen Sie uns die Formalitäten nicht unnötig[1] **in die Länge ziehen**.
手続きを不必要に**長引かせ**ないようにしましょう。

③ Er wollte den Einkaufsbummel mit seiner Frau lieber nicht **in die Länge ziehen**.
彼は妻とのショッピングをできれば**長引かせ**たくなかった。

④ Der Polizeibeamte[2] **zog** das Verhör absichtlich **in die Länge**.
その警察官は尋問をわざと**長引かせた**。

関連表現

sich⁴ in die Länge ziehen　長引く
Die Sitzung **zog sich** sehr **in die Länge**.
会議は非常に**長引いた**。

---

[1] unnötig 不必要に（…しない）
[2] der Polizeibeamte [形容詞変化] 警察官　[女性形] Polizeibeamtin

längst nicht ...

…にはほど遠い、とうてい…でない

① Das ist noch **längst nicht** genug.
これではまだ十分**とはいえない**。

② Wir haben leider noch **längst nicht** alle Weihnachtsgeschenke besorgt.
私たちは残念ながらまだ**とうてい**全部のクリスマスプレゼントを用意**できていない**。

③ Der Junge konnte **längst nicht** so viele Liegestütze machen wie[1] sein Vater.
少年は父親と同じくらい多くの腕立て伏せをできるにはまだ**ほど遠かった**。

④ Der Fuji ist **längst nicht** so hoch wie der Everest.
富士山はエベレストには**ほど遠い**高さだ。

---

[1] so viele Liegestütze machen wie ... 同じくらい多くの腕立て伏せ（so＋原級（ここでは viel）＋wie の構造で④も同様）

im Lauf[e]+2格 / von+3格

〜のうちに

① **Im Lauf** der Jahre hat sich bei uns vieles verändert.
年月が経つ**うちに**私たちのところではいろんなことが様変わりした。

② Er hat **im Laufe** der Zeit gut Deutsch gelernt.
時が**たち**彼はドイツ語をしっかり身につけた。

③ **Im Laufe** von 20 Jahren hatte der Chefkoch in vielen Restaurants der Welt Erfahrungen[1] gesammelt.
20年**間で**料理長は世界の多くのレストランで経験を積んできた。

④ Ich rufe Sie **im Laufe** des Tages nochmals an.
今日**のうちに**あなたにもう一度お電話いたします。

---

[1] Erfahrungen sammeln　経験を積む

ums Leben kommen
死ぬ

① Beim Unfall sind viele Leute **ums Leben gekommen**.
その事故で多くの人が**死んだ**。

② Wie ist seine Mutter **ums Leben gekommen**?
どのように彼の母親は**亡くなった**のですか？

③ Im 1.[1] Weltkrieg sind sehr viele Menschen **ums Leben gekommen**.
第一次世界大戦では非常に多くの人間が**命を落とした**。

④ Er **kam** vermutlich durch einen Fehler der Ärzte **ums Leben**.
彼はおそらく医師たちのミスで**亡くなった**。

関連表現

auf Leben und Tod　生死を賭けて
　Das war ein Kampf **auf Leben und Tod**.
　それは**生死を賭けての**戦いだった。
sich³ das Leben nehmen　自殺する
　Der Mann hat **sich** gestern **das Leben genommen**.
　その男はきのう**自殺した**。
4格 ins Leben rufen　…⁴を設立する
　Ich habe vor, eine neue Firma **ins Leben** zu **rufen**.
　私は新しい会社を**設立する**つもりだ。
nie im Leben / im Leben nicht　決して…しない
　Einen Diebstahl würde[2] er **nie im Leben** begehen.
　窃盗など、彼は**決してしない**だろう。

---

[1] ersten [エーアステン] と発音する。
[2] いわゆる非事実の接続法でwürde+不定詞の形がよく用いられる。

mit Leib und Seele

身も心も、すっかり

① Sie war **mit Leib und Seele** bei der neuen Arbeit.
彼女は新しい仕事に**全身全霊**で打ち込んでいた。

② Er ist **mit Leib und Seele** Bäcker.
彼はパン屋の職業に**身も心も**打ち込んでいる。

③ Sie setzt sich **mit Leib und Seele** für das Wohl der Obdachlosen ein[1].
彼女は**全身全霊**ホームレスの幸せのために尽力している。

④ Die junge Missionarin verschreibt[2] sich **mit Leib und Seele** ihrer Religion.
その若き宣教師は彼女の宗教に**全身全霊**を打ち込んでいる。

---

[1] sich⁴ für+4格 einsetzen …⁴のために尽力する
[2] sich⁴ 3格 verschreiben …³に専念する

es leicht haben
楽である

① Sie **hat es** nicht **leicht**.

彼女の立場は**楽**ではない。

② Als Kind **hatte** er **es** nicht **leicht**, da er bei verschiedenen Pflegefamilien aufwuchs.

子供の時、彼は**楽**ではなかった、というのもさまざまな里親のもとで成長したからだ。

③ Als Behinderter **hat** man **es** im Straßenverkehr **nicht** so **leicht**.

障害者は道路交通では**困惑する**。

④ Im Theater **haben es** die Statisten **am leichtesten**[1], da sie keinen Text lernen müssen.

演劇ではエキストラは**一番楽だ**、なぜならセリフを覚える必要がないからだ。

---

[1] am leichtesten 副詞 leicht の最上級を用いた例。

4格 nicht leiden können

…⁴ が嫌いだ、…⁴ を我慢できない

① Ich **kann** ihn **nicht leiden**.
私は彼が**嫌いだ**。

② Ich **kann** es **nicht leiden**, wenn jemand nur über sich selbst spricht[1].
誰かが自分のことばかりを話すのは**嫌いだ**。

③ Auch wenn du deinen Lehrer **nicht leiden kannst**, musst du doch zur Schule gehen.
たとえ君が先生のことが**嫌いだ**としても、君は学校へ行かなくてはならない。

④ Anfangs **konnte keiner**[2] der Spieler den neuen Trainer **leiden**.
はじめは選手たちの中の誰もその新しいコーチのことが**嫌い**だった。

関連表現

> 4格 leiden können …が好きである
> Ich **kann** Peter sehr **gut leiden**.
> 私はペーターが大好きだ。

---
[1] über sich⁴ (4格) selbst sprechen 自分自身のことについて話をする
[2] keinの名詞的用法。女性ならkeine、中性ならkein[e]sとなる。

leidenschaftlich gern
ものすごく好きだ

① Sie singt **leidenschaftlich gern**.
　彼女は歌うのが**ものすごく好き**だ。

② Paul isst **leidenschaftlich gern** Sushi[1].
　パウルは寿司が**大好物**だ。

③ Als junges Mädchen war sie **leidenschaftlich gern** zum Tanzen[2] gegangen.
　若い頃には彼女は踊りに行くのが**大好き**だった。

④ Mein Vater reist **leidenschaftlich gern** in ferne Länder.
　私の父は遠い国々へ旅するのが**ものすごく好き**だ。

---

[1] Sushi [ズーシ] と発音する。
[2] zum Tanzen gehen (=tanzen gehen)　踊りに行く
　　zum Tanz gehen　ダンスパーティーに行く

3格 leidtun

…³ を残念がらせる、申し訳なく思わせる

① Es **tut** mir **leid**, dass ich Sie stören muss.
おじゃまして**申し訳ありません**。

② Dem Vater **tat** es **leid**, dass er seinen Sohn enterbt hatte.
息子から相続権を奪ったことで父親は**申し訳なく思っている**。

③ Es **tat** der Tänzerin **leid**, dass sie für ihren Beruf auf Kinder verzichtet[1] hatte.
踊り子は仕事のために子どもを諦めてしまったことを**残念に思っていた**。

④ Wenn du jetzt deine Chance nicht nutzt, wird es dir später **leidtun**!
もし君が今そのチャンスを利用しなければ、後で**残念に思う**だろう。

---

[1] auf+ 4格 verzichten …⁴を断念する

als Letzter / Letzte
最後の人として

① **Als Letzte** kam sie.
　最後に彼女がやって来た。

② Der Läufer aus Kroatien kam **als Letzter** ins Ziel[1].
　クロアチアのランナーが**最後に**ゴールした。

③ Sie hatte sich **als Letzte** für den Wettbewerb angemeldet.
　彼女がそのコンテストに参加申し込みをした**最後の人**だった。

④ Thomas kam **als Letzter** seiner Klasse in den Chemieraum.
　トーマスは化学実験室に彼のクラスでは**一番あとで**やって来た。

関連表現

bis ins Letzte　詳細に
　Diese Firma kenne ich **bis ins Letzte**.
　この会社のことは**事細かに**知っている。

---

[1] Zielはゴール。ins Ziel kommen　ゴールする、durchs Ziel gehen, das Ziel erreichenでも同じ。

4格 ans Licht bringen

…⁴ を明るみに出す

① Jetzt muss die Wahrheit **ans Licht gebracht** werden.
今や真実が**明らかにされ**なければならない。

② Wir müssen seine Verbrechen endlich **ans Licht bringen**.
われわれは彼の犯罪をいよいよ**明るみに出さ**ねばならない。

③ Der Staatsanwalt hätte alles dafür getan, um die Vergangenheit des Präsidenten **ans Licht zu bringen**.
検事は大統領の過去を**明るみに出す**ためにどんなことでもしたでしょうに。

④ Für die Ermittlungen der Polizei wäre es von Nachteil [1], Details zu dem Fall zu früh **ans Licht zu bringen**.
警察の捜査にとって事件の詳細をあまり早く**明るみに出す**のは不利でしょう。

関連表現

bei Licht besehen　よく見ると
Bei Licht besehen ist es nicht so schwer.
よく考えればこれはそれほど難しくはない。

---

[1] für+4格 von Nachteil sein　…⁴にとって不利である（「有利」はVorteil）

in erster Linie
まず第一に

① Wir müssen **in erster Linie** an die Rettung der Opfer denken.

私たちは**何よりもまず**被害者の救出のことを考えなければいけない。

② Wir sollten **in erster Linie** beraten, welche Werbestrategie zu unserem Produkt passt.

私たちはどんな宣伝戦略がわれわれの製品に適しているかを**まず第一に**協議すべきでしょう。

③ Der Staatssekretär war **in erster Linie** an seiner Karriere interessiert[1].

次官は**何よりも**彼の出世に興味があった。

④ Ein Lehrer muss sich **in erster Linie** um seine Schüler kümmern – und nicht um die Eltern.

教師というものは**まず第一に**生徒のことを考えなくてはならない―親のことではなく。

---

[1] an+3格 interessiert sein …³に興味がある

4格 links liegen lassen

…⁴ を無視する

① Heute habe ich ihn in der Stadt gesehen, er hat mich aber **links liegen lassen**.

きょう私は町で彼に出会ったが、彼は**素知らぬ顔をして行ってしまった**。

② Die Probleme mit unserer Webseite können wir nicht so einfach **links liegen lassen**.

私たちのウェブサイトが抱える問題をそう簡単には**無視できない**。

③ Auf der Party hat er seine Freundin völlig **links liegen lassen** und nur mit anderen getanzt.

パーティで彼は彼女を完全に**無視し**、ただ他の女性とだけ踊った。

④ Wenn er am Computer sitzt[1], **lässt** er alles andere[2] **links liegen**.

彼がコンピュータに向かっているときは、ほかのすべてのことには**目もくれない**。

---

[1] am Computer sitzen　コンピュータに向かっている
[2] alles andere　他のすべてのもの

4格 unter die Lupe nehmen

…⁴ を入念に調べる

① Wir müssen ihre Forschungsergebnisse **unter die Lupe nehmen**.

私たちは彼女の研究成果を**入念に調べ**なければならない。

② Der Vater **nahm** den neuen Freund seiner Tochter beim ersten Treffen genau **unter die Lupe**.

父親は娘の新しいボーイフレンドと初めて会う際に彼のことを**念を入れて調べ**た。

③ Die Forscher wollten die Ergebnisse ihres Experiments vor einer Veröffentlichung nochmals **unter die Lupe nehmen**.

研究者たちは彼らの実験結果を公にする前にもう一度**細心の注意を払って調べ**ようとした。

④ Die Computer-AG[1] nahm die neue Software erstmal kritisch **unter die Lupe**.

そのコンピュータ会社は新しいソフトウェアを初めて批判的に**丹念に調べ**た。

---

[1] AG = Aktiengesellschaft 株式会社

Lust haben
…する気がある

① Ich **habe keine Lust**, ins Kino zu gehen.
私は映画に行き**たくない**。

② **Hast** du **Lust**, nach dem Essen einen Spaziergang zu machen?
食後に散歩にでも行か**ないかい**?

③ Die Kinder **haben keine Lust**, ihre Zimmer aufzuräumen.
子供たちは自分たちの部屋を片付ける**気などない**。

④ Die Friseurin[1] **hatte keine Lust**, den ganzen Tag mit ihren Kundinnen[2] zu plaudern.
その美容師は一日中お客たちとおしゃべりしていたいなど**という気持ちはなかった**。

関連表現

nach Lust und Laune 気の向くままに
　Hier darf man **nach Lust und Laune** essen und trinken.
　ここでは**好きなだけ**飲み食いしてかまわない。

---
[1] Friseurin [フリゼーリン] 美容師　Friseur [フリゼーア] の女性形
[2] der Kundeの女性形であるKundinの複数形。

an die Macht kommen[1]

権力を握る

① Er **kam** mit 28 Jahren **an die Macht**.
彼は 28 歳で**権力の座に就いた**。

② 1933 war das Jahr, in dem[2] Hitler **an die Macht kam**.
1933 年はヒトラーが**政権をとった**年だ。

③ Wenn das Militär **an die Macht kommt**, wird das zu heftigen Protesten führen.
軍隊が**権力を握れば**猛烈な抗議が起こるであろう。

④ In diesem Land wünscht man, dass er möglichst früh **an die Macht kommt**.
この国では彼ができるだけ早く**権力の座に就く**ことが望まれている。

関連表現

an der Macht sein　権力の座にある
　Er **ist** erst seit einem halben Jahr **an der Macht**.
　彼が**政権の座に就いて**からまだ半年しか経っていない。

---

[1] zur Macht kommen を用いることもある。
[2] in dem のかわりに関係副詞 wo を用いることもできる。

mit einem Mal[e]
突然

① **Mit einem Mal** fing es an zu regnen.
突然雨が降り出した。

② **Mit einem Mal** verdunkelte sich ihre Miene.
急に彼女の顔つきが暗くなった。

③ Gegen Mitternacht läutete[1] es **mit einem Mal** an der Tür.
真夜中ごろに**突然**ドアのベルが鳴った。

④ In der Oberstufe[2] fing unser Sohn **mit einem Mal** an, sich für klassische Musik zu interessieren.
上級学年の時に息子は**突如**クラシック音楽に興味を持ち始めた。

関連表現

von Mal zu Mal 回を重ねるごとに
Das Kind hat **von Mal zu Mal** Fortschritte gemacht.
回を重ねるごとにその子供は上達した。

---

[1] an der Tür läuten ドアのベルを鳴らす (esは非人称の主語)
[2] Oberstufe ギムナジウムなどの上級3学年のこと

in Maßen / mit Maßen

節度を守って

① Ich trinke jeden Tag Bier, aber **in Maßen**.

私は毎日、しかし**適度に**ビールを飲んでいる。

② **In Maßen** kann ich Volksmusik ertragen, aber nicht jeden Tag.

程々に民族音楽を聞くのは我慢できるが毎日はできない。

③ **In Maßen** genossen[1] können diese Kräuter zum Wohlbefinden beitragen[2].

適量であればこれらのハーブは健康によい。

④ Ihr könnt gern Freunde einladen und feiern — aber bitte alles **in Maßen**.

お前たちは友達を呼んでお祝いするといい、だけどすべて**節度を守って**。

関連表現

mit zweierlei Maß messen　不公平な判断をする
　Er **misst** oft **mit zweierlei Maß**.
　彼はときどき**不公平**だ。

---

[1] in Maßen genossen　適度に楽しむのであれば (genießenの過去分詞を用いた分詞構文)
[2] zu+3格 beitragen　…³に寄与する、貢献する

mehr oder weniger

多かれ少なかれ

① Die meisten Leute haben **mehr oder weniger** gemerkt, dass er lügt.

たいていの人々は彼がうそをついていることに**多少**気づいていた。

② Dieses Fernstudium ist **mehr oder weniger** Zeitverschwendung.

こういった通信教育は**多かれ少なかれ**時間の浪費だ。

③ Das neue Gesetz bedeutet **mehr oder weniger**, dass viele ihre Arbeit verlieren werden.

新しい法律は多くの人が仕事を失うだろうということを**多少**意味している。

④ Mit seiner Behauptung hat er **mehr oder weniger** recht[1], auch wenn du das nicht hören willst.

たとえ君が聞く気がなくても、彼の言い分は**ある程度は**正しい。

関連表現

mehr und mehr ますます多く
　Die Preise steigen **mehr und mehr**.
　物価は**ますます**上昇していく。

---

[1] mit+3格 recht haben …³について正しい

nach seiner Meinung /
seiner Meinung nach

…の考えでは

① **Nach meiner Meinung** ist er ein tüchtiger Mann.

私の見るところでは、彼は有能な男だ。

② **Meiner Meinung nach** ist die Energiewende[1] die Rettung der Menschheit.

私は エネルギー政策の転換は人類を救出すると**考えます**。

③ **Nach seiner Meinung** sollte das duale System in der Ausbildung[2] in ganz Europa Anwendung[3] finden.

彼の考えでは職業のデュアルシステムは全ヨーロッパで用いられるべきだ。

④ **Nach Meinung von**[4] Experten gab es bei der Wahl grobe Verstöße gegen die Wahlvorschriften.

専門家**の意見では**選挙で重大な規定違反があった。

関連表現

der Meinung sein …という意見である

Ich **bin der Meinung**, dass sie eine fähige Frau ist.

彼女は有能な女性だ**と思う**。

---

[1] die Energiewende エネルギー政策の転換
[2] das duale System in der Ausbildung
 = ein duales Ausbildungssystem 職業学校と企業で平行して教育する制度
[3] Anwendung finden 使用される、適用される
[4] 所有冠詞のかわりにvon+3格で主体が表されることもある。

am meisten[1]

最も多く

① Sie sprach **am meisten**.
彼女が**一番よく**しゃべった。

② Wir wissen nicht, wer von uns **am meisten** Geld verdient.
私たちの中で誰が**一番**稼いでいるかは知りません。

③ Von den Angestellten in ihrer Abteilung musste sie stets **am meisten** arbeiten.
彼女の課にいる従業員たちの中で彼女が常に**一番**働かなくてはならなかった。

④ Der stärkste Hund eines Rudels bekommt auch **am meisten** Futter.
群れの中で一番強い犬が**一番多く**餌をもらう。

---

[1] am meisten 副詞 viel の最上級。

nicht im Mindesten[1]

全然…でない

① Diese Aufgabe ist **nicht im Mindesten** schwierig.
この問題は**少しも**難しく**ない**。

② Der Architekt hat die Wünsche des Bauherrn[2] **nicht im Mindesten** berücksichtigt.
その建築家は建築主の希望を**全然**考慮し**なかった**。

③ Die Begeisterung seiner Tochter für Kunst konnte der Vater **nicht im Mindesten** teilen.
娘の芸術に対する感動を父は**少しも**共にすることができ**なかった**。

④ Ich verstehe **nicht im Mindesten**, wovon du sprichst.
私は君が何について話しているのか**全然**わから**ない**。

関連表現

mindestens 少なくとも
　Er hätte sie **mindestens** anrufen können.
　彼は**少なくとも**彼女に電話をかけることぐらいできたのに。

---

[1] mindestenと小文字書きでも用いられる。
[2] Bauherrn 男性弱変化名詞 1格 der Bauherr 2·3·4格は Bauherrn 複数：Bauherrenとなる。

in letzter Minute
時間ぎりぎりに

① Er kam **in letzter Minute**.
彼は**時間ぎりぎりに**やって来た。

② Schließlich erreichten sie das Flugzeug **in letzter Minute**.
結局彼らは飛行機に**時間ぎりぎりで**間に合った。

③ Die Studentin reichte ihre Abschlussarbeit erst **in letzter Minute** ein.
その女子学生は卒業論文をなんとか**ぎりぎりで**提出した。

④ **In letzter Minute** bemerkte die Flugbegleiterin[1], dass sich noch Gäste im Flugzeug befanden.
客室乗務員は乗客がまだ飛行機内にいることに**ぎりぎり間に合って**気づいた。

関連表現

auf die Minute 時間きっかりに
　Der Eingang des Parks wird **auf die Minute** geschlossen.
　公園の入口は**時間きっかりに**閉められる。

---

[1] Flugbegleiterin 客室乗務員 (=Stewardess) Flugbegleiterの女性形

in Mode kommen
流行し始める

① Damals war der Folksong gerade **in Mode gekommen**.
当時フォークソングがちょうど**流行し始めていた**。

② Bestimmte Kleidungsstile **kommen** nach Jahrzehnten[1] meist nochmals **in Mode**.
決まったファッションスタイルが数十年後にだいたいもう一度**流行る**。

③ In den Achtzigern[2] **kam** es **in Mode**, sich als Lehrer von den Schülern duzen zu lassen.
80年代には教師が生徒に du で呼ばせるのが**流行った**。

④ Es ist in letzter Zeit wieder **in Mode gekommen**, Kindern mehrere Vornamen zu geben.
最近再び**流行り始めた**のは、子供により多くの名前をつけることだ。

関連表現

aus der Mode sein　流行遅れである
　Das **ist** schon **aus der Mode**.
　それはもう**時代遅れだ**。

---

[1] nach Jahrzehnten　数十年のちに　das Jahrzehntは「10年」。
[2] Achtziger (80年代) の複数3格

jeden Moment
今にも

① Er kann **jeden Moment** zurückkommen.
彼は**今すぐにも**帰って来るかもしれない。

② Der Himmel sah aus, als wolle[1] es **jeden Moment** zu regnen anfangen[2].
空は**今にも**雨が降り始めそうに見えた。

③ Bitte gedulden Sie sich noch etwas! Der Doktor wird **jeden Moment** bei Ihnen sein.
もう少し辛抱してください。お医者さんがあなたの所に**今すぐにでも**やって来ますから。

④ Gehen wir schon hinaus – unser Taxi muss **jeden Moment** kommen.
もう外に出ていましょう―タクシーが**今すぐにでも**来るに違いありません。

関連表現

im Moment 目下のところ
Im Moment habe ich keine Zeit.
今のところ私には時間がない。

---

[1] als [ob] の構文の定動詞には、このように接続法第1式が用いられることもある。
[2] anfangen +zu不定詞 [句] …を始める

auf dem Mond[1] leben

浮世離れしている

① Du **lebst auf dem Mond**.

君は**浮世離れしている**。

② Die junge Malerin wirkte so weltfremd, als **lebe** sie **auf dem Mond**.

その若き絵描きは**浮世離れしている**かのごとく世事に疎く見えた。

③ Meine Schwester hat keine Ahnung[2] von den aktuellen Modetrends. Sie **lebt** wirklich **auf dem Mond**!

私の姉は流行のファッショントレンドのことはまったくわからない。彼女は本当に**世間離れしている**。

④ Unser Lehrer weiß nicht einmal, was ein iPad ist. Er **lebt** echt **auf dem Mond**.

私たちの先生は iPad が何かすらわからない。彼は本当に**世の中のことに疎い**。

---

[1] hinter dem Mond と言うこともある。
[2] von + 3格 keine Ahnung haben …³のことはまったくわからない

nicht müde werden

飽くことなく…し続ける

① Sie **wurde nicht müde**, immer wieder von der letzten Reise zu erzählen.

彼女は**飽きもせず**にこの前の旅行についてくり返し話をした。

② Die Lehrerin **wurde nicht müde**, mit den Schülern über das Problem zu sprechen.

その女性教師は**飽くことなく**生徒たちとその問題について話し**続けた**。

③ Er **wurde nicht müde**, jeden Sonntag mit seinem Sohn zum Fußball zu gehen.

彼は**飽きもせず**毎週日曜日に息子とサッカーをしに行った。

④ Der Politiker **wurde nicht müde**, mit der Opposition über die Steuerreform zu diskutieren[1].

その政治家は**飽くことなく**野党と税制改革について議論し**続けた**。

---

[1] über+ 4格 diskutieren …⁴を議論する

sich³ Mühe geben

骨を折る、努力する

① Er **gab sich Mühe**, deutlich zu sprechen.
   彼ははっきりした口調で話すよう**努力した**。

② Wenn du **dir Mühe gibst**, kannst du die Prüfung schaffen.
   君は**努力すれば**試験に受かるよ。

③ Sein Vater **gab sich** nicht einmal **Mühe**, seine Alkoholsucht zu verstecken.
   彼の父親はアルコール中毒を隠す**努力をする**ことなどまったくなかった。

④ Der Professor hat **sich** viel **Mühe gegeben**, um sein Skript auf[1] Englisch zu übersetzen.
   教授は彼の原稿を英語で翻訳するのに大変**骨を折った**。

関連表現

der Mühe / die Mühe wert sein　苦労するだけの価値がある
　Es **ist nicht der Mühe wert**, ihn nochmals anzurufen.
　彼にもう一度電話をするなんて**無駄なことだ**。

---

[1] auf Englisch　英語で（aufは方法・手段を表す前置詞）

den Mund halten

黙っている

① **Halt den Mund!**[1]

黙れ！

② In so einer gefährlichen Situation sollte man sicherheitshalber **den Mund halten**.

そのような危険な状況では用心のために**黙っている**ほうがよいでしょう。

③ Ich hatte ihn gewarnt, aber er konnte **seinen Mund** einfach nicht **halten**.

私は彼に警告したのだが、彼はとにかく**黙っている**ことができなかった。

④ Wenn du nichts Sinnvolles zu sagen hast[2], dann **halt** lieber **den Mund**.

何も意味のあることを言えないのなら、むしろ**黙ってくれ**。

関連表現

in aller Munde sein　世間の評判になっている
　Die Sache **ist** schon **in aller Munde**.
　そのことはすでに**みんなの噂になっている**。

---

[1] 口語ではdas Maulを用いてHalt's Maul!（黙れ！）と言うこともある。
[2] haben +zu不定詞［句］…しなければならない、…するものがある（→ 160）

nach wie vor
相変わらず、依然として

① Die Landschaft hier ist **nach wie vor** wunderbar.
ここの景色は**相変わらず**すばらしい。

② Diese Bäckerei hat **nach wie vor** die besten Brötchen in der ganzen Stadt.
このパン屋のパンは**相変わらず**街中で一番だ。

③ Auch mit[1] 70 Jahren singt meine Großmutter **nach wie vor** mit Begeisterung[2] im Kirchenchor.
70歳になっても私の祖母は**依然として**聖歌隊で夢中になって歌っている。

④ Dieser Sänger ist in Deutschland **nach wie vor** sehr populär.
この歌手はドイツでは**依然として**とても人気がある。

関連表現

nach und nach 次第に
Es wird **nach und nach** dunkel.
次第に暗くなる。

---
[1] mit 70 Jahren　70歳で(「…の年齢で」の意味のmit)
[2] mit Begeisterung　夢中になって

über Nacht
一夜のうちに、突然

① Er wurde **über Nacht** Millionär.
彼は**一夜にして**大金持ちになった。

② Mit diesem Lied ist sie quasi **über Nacht** berühmt geworden.
この歌で彼女はいわば**一夜にして**有名になった。

③ Autofahren lernt man nicht so einfach **über Nacht**. Dafür braucht man viele Fahrstunden.
車の運転は**一朝一夕で**習えるほど簡単ではない。そのためには多くの教習時間が必要だ。

④ Das Kreditinstitut ist durch die Wirtschaftskrise quasi **über Nacht** bankrottgegangen[1].
その金融機関は経済危機により**突然**事実上破産した。

関連表現

bei Nacht und Nebel 夜陰に乗じて
　Der Dieb ist **bei Nacht und Nebel** in die Wohnung eingestiegen.
　泥棒は**夜陰に乗じて**その住居に忍び込んだ。

---

[1] bankrottgegangen　bankrottgehen（破産する）の過去分詞、sein支配。

nahe daran / dran[1] sein

いまにも…しそうである

① Ich **war nahe daran**, einen Vertrag zu unterzeichnen.

私は**もう少しで**契約書にサインを**するところだった**。

② Der Chef hatte sich über seinen Mitarbeiter sehr geärgert[2] und **war nahe dran** ihn zu entlassen.

部長は部下にとても腹を立てて**いまにも**彼を首に**しそうだった**。

③ Vor Enttäuschung **war** der Dirigent **nahe dran**, die Orchesterprobe zu verlassen.

失望のあまり指揮者はオーケストラのリハーサルを**もう少しで**止める**ところだった**。

④ Die junge Lehrerin **war nahe dran**, dem frechen Schüler eine Ohrfeige zu verpassen.

その若い女性教師は生意気な生徒に**まさに**平手打ちを食らわせ**ようとしていた**。

---

[1] dran　daranの口語形。
[2] sich⁴ über+ 4格 ärgern　…⁴に腹を立てる

im Namen [2格]

...² を代表して

① **Im Namen** der Universität begrüße ich Sie sehr herzlich.
大学**を代表して**みなさまを心から歓迎します。

② **Im Namen** der gesamten Belegschaft möchte ich unsere neuen Mitarbeiter ganz herzlich willkommen heißen[1].
全従業員**を代表して**われわれの新入社員を心から歓迎したいと思います。

③ Ich möchte Ihnen **im Namen** meiner ganzen Familie unser tiefes Beileid aussprechen.
家族全員**を代表して**深く哀悼の意を表したいと思います。

④ Der Rektor entschuldigte sich **im Namen** der ganzen Klasse für den Schaden, den die Schüler angerichtet hatten.
校長は生徒たちが引き起こした被害に対しクラス全員**に代わり**謝罪した。

関連表現

sich³ einen Namen machen 有名になる
Der Schriftsteller hat **sich** über Nacht **einen Namen gemacht**.
その作家は一夜にして**有名になった**。

---

[1] [4格] willkommen heißen …⁴を歓迎する

in+ 4格 seine[1] Nase stecken

…⁴に首を突っ込む、余計な口出しをする

① Er **steckt seine Nase in** alles.

彼は何にでも**首を突っ込む**。

② Meine Nachbarin liebt es, **ihre Nase in** anderer Leute[2] Angelegenheiten zu **stecken**.

私の隣人は他の人のことまで**余計な口を出し**たがる。

③ Du sollst **deine Nase** nicht **in** mein Privatleben **stecken**. Das geht dich nichts an[3].

私の私生活にまで**口出し**しないで。それはあなたとは関係のないことですから。

④ Die alte Königin liebte es, **ihre Nase in** die Angelegenheiten der anderen Schlossbewohner zu **stecken**.

老いた女王は城に暮らしている他の者のことにまで**首を突っ込む**のが好きだった。

---

[1] Naseの持ち主に応じて所有代名詞は変化する。
[2] 2格の付加語（ここではanderer Leute）が名詞に先行した例、後続の名詞は無冠詞になる。
[3] 4格 angehen …⁴に関係する

von Natur [aus]

生まれつき、もともと

① Sie ist **von Natur aus** schüchtern.
彼女は**生来**内気だ。

② Ich habe **von Natur aus** kein Talent[1] fürs Kochen.
私には**もともと**料理の才能はない。

③ Kein Kind ist **von Natur aus** bösartig.
生まれつき意地の悪い子供などいない。

④ Unsere Nachbarin ist **von Natur aus** neugierig.
私たちの隣人は**生来**の詮索好きだ。

---

[1] für+ 4格 Talent haben …⁴の才能がある

4格 auf sich nehmen

…⁴ を引き受ける

① Er **nahm** die schwere Arbeit **auf sich**.
   彼はその困難な仕事を**引き受けた**。

② Der Angeklagte **nahm** schließlich die gesamte Schuld **auf sich**.
   被告人はついに全部の罪を**認めた**。

③ Wenn du Soldat wirst, musst du auch das Kämpfen **auf dich nehmen**.
   兵士になるのなら、君も戦争に行く**覚悟をしなければならない**。

④ Ich bin bereit[1], diese schwere Verantwortung **auf mich** zu **nehmen**.
   私はこの重い責任を**引き受ける**心構えができている。

---

[1] bereit sein, zu不定詞［句］ …する心構えができている

3格 auf die Nerven fallen / gehen

…³ の神経に障る、…³ をいらいらさせる

① Ihre Stimme **fällt** mir **auf die Nerven**.
彼女の声は私の**神経にこたえる**。

② Die laute Musik meines Nachbarn **geht** mir oft **auf die Nerven**.
隣人のうるさい音楽に私はよく**イライラする**。

③ Es **ging** dem Fahrgast **auf die Nerven**, dass der Taxifahrer während der Fahrt dauernd telefonierte.
タクシーの運転手が走行中ずっと電話していたのが乗客の**神経に障った**。

③ Die vielen Sonderwünsche der Reisegruppe **gingen** den Hotelangestellten bald **auf die Nerven**.
団体旅行のグループが出す多くの特別な要望はホテルの従業員たちを**いらいらさせた**。

関連表現

Nerven haben　無神経である
　Sie hat mich mitten in der Nacht[1] angerufen. Sie **hat Nerven**!
　彼女は真夜中に電話をかけてきた。**無神経な人だ**。

---

[1] mitten in der Nacht　真夜中に

aufs Neue / von Neuem

新しく、あらためて

① Er begann **aufs Neue** über den Vorgesetzten zu murren[1].

彼は**またもや**上司のことをぼやき始めた。

② Nach der Mittagspause begann der Lärm der Baustelle **von Neuem**.

昼の休憩のあと工事現場の騒音が**また**始まった。

③ Nachdem er seinen Job verloren hatte, musste er sich **von Neuem** auf die Stellensuche begeben[2].

仕事を失ってから、彼は職探しに**あらためて**取りかからねばならなかった。

④ Nachdem die Katze geschlafen hatte, begann sie sich **aufs Neue** zu putzen[3].

猫は寝た後に**再び**毛づくろいをし始めた。

関連表現

3格 neu sein …³にとって初めて知ることである

Das **ist** mir ganz **neu**.

これは私には**初耳**だ。

---

[1] über+ 4格 murren …⁴についてぶつぶつ不平を言う
[2] sich⁴ auf+ 4格 begeben …⁴に取りかかる
[3] sich⁴ putzen 猫が体をなめて毛づくろいをする

sich³ aus+ 3格 nichts machen

…³ が好きではない、…³ を気にかけない

① **Mach dir nichts aus** dem Gerede!
そんなうわさなんか**気にするな**！

② Mein Vater **macht sich nichts aus** Süßigkeiten.
父は甘いものが**好きではない**。

③ Der Parteivorsitzende **machte sich nichts aus** den Vorwürfen der Opposition.
その党首は野党の非難を**物ともしなかった**。

④ **Mach dir nichts draus**[1], dass deine Freundin Schluss gemacht[2] hat. Du findest bald eine neue[3]!
彼女と終わったことなど**気にするな**。すぐにまた新しい彼女が見つかるさ。

---

[1] draus darausの口語形。
[2] Schluss machen （仕事などを）終わりにする
[3] eine neue 後にFreundinが省略されている

von+ 3格 Notiz nehmen

…³ に注意を払う、…³ を気にとめる

① Sie **nahm von** dem Ereignis kaum **Notiz**.
彼女はこの出来事をほとんど**気にとめ**なかった。

② Sie haben **keine Notiz von** mir **genommen**.
彼らは私を**無視した**。

③ Der Chefarzt **nahm** keinerlei **Notiz von** der Anwesenheit der Krankenpfleger.
医長は看護師たちがいることなどまったく**気にとめ**ていなかった。

④ Bei ihrem Besuch **nahm** die First Lady[1] auch **von** scheinbaren Kleinigkeiten **Notiz**.
ファーストレディーは彼女の訪問の際には外見上の些細なことまでも**注意を払った**。

---

[1] First Lady ファーストレディー

von oben herab
見下して

① Er hat kein Recht, uns **von oben herab** anzusehen.
彼には私たちを**見下す**資格なんかない。

② Unser Chef behandelt seine Untergebenen[1] sehr **von oben herab**.
私たちの上司は部下をとても**馬鹿**にしている。

③ Es ärgerte die Arbeiter, dass der Gewerkschaftschef[2] sie **von oben herab** behandelte.
労働組合長が自分たちのことを**見下している**のを労働者たちは怒っていた。

④ Obwohl er der höchste Mann im Staate ist, behandelt er niemanden **von oben herab**.
彼は国で最高位にある男なのに、誰も**見下して**遇することはしない。

---

[1] der / die Untergebene [形容詞変化] 部下
[2] Gewerkschaftschef (= Gewerkschaft + Chef) 労働組合長

ganz Ohr sein

注意深く聞く

① Während des Unterrichtes **waren** die Studenten **ganz Ohr**.

授業中、学生たちは**熱心に聞いていた**。

② Als sein Chef von einer Gehaltserhöhung sprach, **war** er plötzlich **ganz Ohr**.

上司が昇給の話をしだした途端、彼は**全身を耳にして聞いた**。

③ Die Schüler **waren ganz Ohr**, als der Lehrer von seiner eigenen Schulzeit berichtete.

生徒たちは教師が自分自身の学校時代についての話をすると**注意深く聞いていた**。

④ Die Kinder **waren ganz Ohr**, als es[1] um die Planung des Wandertags ging.

子供たちは遠足の日の計画の話になると**一心に耳を傾けた**。

---

[1] es geht um+ 4格 …⁴が問題である（非人称熟語）（→ 133）

3格 zum Opfer fallen

…³ のために犠牲になる

① Viele Leute **fielen** einem Attentat **zum Opfer**.
多くの人々が政治テロの**犠牲になった**。

② Meine Briefmarkensammlung ist der Putzwut[1] meiner Mutter **zum Opfer gefallen**[2].
私が収集した切手は母の掃除熱の**犠牲になってしまった**。

③ Der Kuchen im Kühlschrank ist einem nächtlichen Hungeranfall meines Bruders **zum Opfer gefallen**.
冷蔵庫のケーキは、夜中に空腹に襲われた弟に**食べられてしまった**。

④ Die streunenden Katzen in diesem Park sind einer städtischen Säuberungsaktion **zum Opfer gefallen**.
この公園内の野良猫は市の一掃作戦の**犠牲になった**。

---

[1] der Putzwut「掃除熱」程度の意味。Wutは動詞や名詞につけて「…への熱中、…熱」を意味する女性名詞を作る。

[2] fallenは完了の助動詞としてseinを用いる。

in Ordnung sein

問題ない、正常である

① Mit meinem PC **ist** etwas **nicht in Ordnung**.
私のパソコンはどこか**調子が悪い**。

② Es **ist** völlig **in Ordnung**, wenn du bei uns übernachtest[1].
君が私たちのところに泊まるなら、まったく**問題ない**。

③ Der Motor seines Autos **war** schon seit einiger Zeit nicht richtig **in Ordnung**.
彼の車のエンジンはすでに少し前から**本調子で**はなかった。

④ **Ist** euer Computer wieder **in Ordnung**? Dann würde ich ihn gern kurz benutzen.
君たちのコンピュータは**また調子がよくなった**かい。それならちょっとの間それを使いたいんだが。

関連表現

4格 in Ordnung bringen …⁴を処理する、きちんとする
Es ist unmöglich, alle Angelegenheiten bis morgen **in Ordnung** zu **bringen**.
すべての用件を明日までに**処理する**ことは不可能だ。

---

[1] bei+3格 übernachten …³のところに泊まる

ein paar
二、三の

① Nach **ein paar** Tagen[1] habe ich meine Heimat verlassen.

二、三日たって私は故郷を後にした。

② Ich habe auf dem Flohmarkt **ein paar** hübsche Dinge erstanden.

蚤の市で私は二、三の可愛らしい物を手に入れた。

③ Haben Sie **ein paar** Minuten Zeit für mich?

二、三分お時間いただけますか？

④ Seine Frau hatte ihm vorsorglich **ein paar** warme Sachen in den Koffer gepackt.

彼の妻は用心のために二、三暖かいものを彼の旅行かばんに詰めておいた。

---

[1] ein paarは不変化、TagのみnachIに応じて変化する。

für+ 4格 Partei ergreifen / nehmen
…⁴ の味方をする

① Der Minister **nahm für** Umweltschutz **Partei**.
大臣は環境保護の立場を**支持した**。

② Mein Vater ist ungerecht: Er **ergreift** immer nur **für** meine Schwester **Partei**.
私の父は不公平だ。彼はいつも私の姉の**肩ばかり持つ**。

③ Der neue Präsident wollte vor allem **für** die Ärmsten[1] der Bevölkerung **Partei ergreifen**.
新大統領はとりわけ国民の貧困層を**援助しようとした**。

④ Die Rektorin achtete[2] darauf, neutral zu bleiben und **für** niemanden **Partei zu ergreifen**.
その女性の校長は公平で誰も**えこひいき**しないよう注意を払った。

---

[1] die Ärmsten　armの最上級ärmstの名詞的用法。
[2] auf+ 4格 achten　…⁴に注意を払う

Pech haben

運が悪い、ついていない

① Er hat im Spiel **Pech gehabt**.
彼はゲームに**負けた**。

② Er hat **Pech gehabt** und die Bahn verpasst.
ついていなくて彼は電車に乗り遅れた。

③ Sie **hatte Pech** und brach[1] sich beim Skifahren das Bein.
運悪く彼女はスキーで足を骨折した。

④ Heute **habe** ich in allem **Pech**.
きょう私は何をやっても**うまくいかない**。

---

[1] sich³ das Bein brechen　足を骨折する

1格 in Person sein

…¹ そのものである

① Er ist die Dummheit **in Person**.
彼は馬鹿**そのもの**だ。

② Seine Frau ist die Frechheit **in Person** und vorlaut noch dazu¹⁾.
彼の妻は厚かましい**たらありゃしない**、まだそれに加えて生意気だ。

③ Der junge Richter erschien dem Angeklagten wie die Ungerechtigkeit **in Person**.
その若い裁判官は被告人には不当**そのもののように**思われた。

④ Mein Großvater ist der Geiz **in Person** und leistet sich nicht einmal anständige Kleidung.
私の祖父はけち**そのもの**で、きちんとした服など一度も買ったことがない。

関連表現

in [eigener] Person　本人自ら
　Die Wirtin **in Person** hat uns am Bahnhof abgeholt²⁾.
　女将**自ら**私たちを駅に出迎えてくれた。

ich für meine Person　私個人は
　Ich für meine Person schätze das Ergebnis gar nicht.
　私自身はこの結果をまったく評価していない。

---

¹⁾ noch dazu　まだそれに加えて
²⁾ 4格 am / vom Bahnhof abholen　…⁴を駅へ迎えに行く

wie ein Pferd arbeiten / schuften

馬車馬のように働く

① Wir haben drei ganze Jahre **wie ein Pferd gearbeitet**.
私たちは丸3年**馬車馬のように働いた**。

② Der Bauer musste von morgens bis abends[1] **wie ein Pferd schuften**.
農夫は朝から晩まで**あくせく働かねば**ならなかった。

③ Für den Wettbewerb **schuftete** die Tänzerin **wie ein Pferd**.
コンテストのためにダンサーは**がむしゃらに練習した**。

④ Der Bürgermeister musste vor der Wahl **wie ein Pferd arbeiten** und von Termin zu Termin hetzen.
市長は選挙前**馬車馬のように働き**そして会合から会合へと走り回らねばならなかった。

---

[1] von morgens bis abends 朝から晩まで

pflegen + zu不定詞

…するのが常である、よく…する

① Er **pflegt** an seinen freien Tagen zum Golf **zu** gehen.
彼は休日にゴルフに出かけるのを**習慣にしている**。

② Der berühmte Professor **pflegte** seine Abhandlungen von seinen Assistenten[1] schreiben **zu** lassen.
その有名な大学教授は彼の論文を自分の助手たちに書かせるのを**常としていた**。

③ Das junge Paar **pflegte** die Weihnachtsferien in der Karibik **zu** verbringen.
その若いカップルはクリスマス休暇を**よく**カリブ海で過ごした。

④ Er **pflegte** sein Privatleben nicht mit seinen Fans **zu** teilen.
彼は私生活をファンたちとは共有しない**ことにしていた**。

---

[1] Assistenten 男性弱変化名詞 1格 der Assistent 女性形 Assistentin

auf dem Plan stehen

計画されている

① Eine Deutschlandreise **steht auf dem Plan**.

ドイツ旅行が**計画されている**。

② Für das Wochenende **steht** bei uns eine Gartenparty **auf dem Plan**.

週末には私たちのところでガーデンパーティーが**計画されている**。

③ Anlässlich[1] der Gedenkfeier **stand** ein feierlicher Empfang mit dem Bürgermeister **auf dem Plan**.

記念式典に際して市長同席の厳かなレセプションが**予定されていた**。

④ In den Osterferien **steht** bei meinen Eltern eine Reise nach Österreich **auf dem Plan**.

イースター休暇に私の両親はオーストリア旅行を**計画している**。

---

[1] anlässlich …に際して、…にあたって (2格支配の前置詞、ビジネスレターなどの書き言葉で、とりわけ招待状で多用される)

um jeden Preis
是が非でも、どんなことがあっても

① Ich muss **um jeden Preis** die Prüfung bestehen.
私は**是が非でも**この試験に合格せねばならない。

② Die junge Brasilianerin wollte **um jeden Preis** Schönheitskönigin werden.
その若いブラジル人女性は美人コンテストの女王に**何としても**なりたかった。

③ Die Eltern wollten **um jeden Preis**, dass ihr Sohn an einer Elitehochschule[1] studiert.
両親は**どんな犠牲を払ってでも**息子を一流大学で学ばせたかった。

④ Der greise Präsident wollte **um jeden Preis** wiedergewählt werden.
老齢の大統領は**是が非でも**再選されたかった。

関連表現

um keinen Preis 決して…ない
　Diese Gelegenheit darf man **um keinen Preis** verpassen.
　この機会は**決して**逃してはならな**い**。

---

[1] Elitehochschule (= die Elite + die Hochschule) 一流大学

im Prinzip
原則的に

① **Im Prinzip** habe ich nichts dagegen.
原則的には私はそれに何の反対もない。

② **Im Prinzip** funktionieren alle Computer gleich.
原則的にすべてのコンピュータは同じように機能します。

③ Wir brauchen[1] **im Prinzip** nur in Frankfurt einsteigen und in Paris wieder aussteigen.
私たちは**原則的に**フランクフルトで乗車してパリでまた下車しさえすればよい。

④ **Im Prinzip** hatten die Bürger nichts gegen eine Volkszählung einzuwenden.
原則的には国民は国勢調査に対して何ら異議を唱えるものはなかった。

---

[1] brauchen nur ... …しさえすればよい (口語ではこのようにzuのない不定詞が用いられることも多い)

🔊 255

im Rahmen 2格 / von+3格
…の枠内で、範囲で

① **Im Rahmen** des Möglichen[1] werden wir dich unterstützen.
可能な**範囲で**私たちは君を援助するつもりだ。

② **Im Rahmen** seiner Vortragsreise besuchte er auch seine Heimatstadt Prag.
講演旅行**の枠内で**彼は故郷のプラハも訪れた。

③ Er kam **im Rahmen** seiner Rede auch auf ökologische Themen zu sprechen[2].
彼は演説**の中で**エコロジーのテーマについても言及した。

④ **Im Rahmen** eines Semesters können wir nicht auf alle Aspekte der Kernphysik eingehen.
学期**の枠内で**核物理学のあらゆる観点を取り上げることはできない。

---

[1] des Möglichen　形容詞möglichを名詞的に用いたdas Möglicheの2格。
[2] auf+4格 zu sprechen kommen　…4を話題にする

4格 zu Rate ziehen

…⁴ に相談する、…⁴ の意見を聞く

① In einem solchen[1] Fall **zieht** man am besten[2] einen Fachmann **zu Rate**.

このような場合、専門家の**意見を聞く**のが一番よい。

② Bei Problemen **zieht** mein Mann seine Eltern **zu Rate**.

困ったことがあると私の夫は彼の両親に**相談する**。

③ Vor ihrer Entscheidung wollte sie noch die Meinung ihrer besten Freundin **zu Rate ziehen**.

決断する前に彼女は親友の**意見も聞こう**とした。

④ Wenn ich nicht weiter weiß[3], **ziehe** ich das Internet **zu Rate**.

さらに知りたければ私はインターネットで**調べる**。

---

[1] solchはeinやkeinの後では形容詞と同じ変化。
[2] am besten …するのが一番よい（gutの最上級）
[3] 直訳：それ以上のことがわからないときは

mit+ 3格 rechnen

…³ を考慮に入れる

① Wir müssen **mit** dem Schlimmsten[1] **rechnen**.

われわれは最悪の事態を**覚悟せ**ねばならない。

② Sie **rechnete** fest **mit** der Zustimmung ihrer Eltern.

彼女は両親の同意が確実に得られるものと**思っていた**。

③ Er hatte nicht da**mit gerechnet**, seinen Sohn lebend wiederzusehen.

彼は息子と生きて再会するとは**思っても**みなかった。

④ Ich **rechne** da**mit**, dass das bestellte Buch in den nächsten Tagen[2] ankommen wird.

私は注文した本は近日中に届くと**思っている**。

---

[1] Schlimmsten 形容詞schlimmの最上級schlimmstの名詞的用法。
[2] in den nächsten Tagen 近日中に（nächstはnaheの最上級）

recht haben[1]

(言うこと・することが) 正しい

① Du **hast recht**.
君の**言う通り**だ。

② Mein Kollege denkt immer, dass nur er selbst **recht hat**.
私の同僚はいつも自分だけが**正しい**と思っている。

③ Die Dorfbewohner hatten mit ihrem Misstrauen[2] gegen den neuen Pfarrer **recht gehabt**.
村人たちは来たばかりの牧師に不信感を持っていたが、それは**正しかった**。

④ Mein Vater **hatte recht** damit, dass er gegen meine Heirat war.
父が私の結婚に反対したのは**正しかった**。

関連表現

3格 recht geben …³に賛成する
Alle Abgeordneten **gaben** dem Minister **recht**.
議員たちはみんなその大臣に**賛成した**。

[nur] recht und billig sein 極めて当然のことである
Es **ist nur recht und billig**, dass er entlassen wurde.
彼が解雇されたのは**極めて当然のことだ**。

---

[1] Recht habenと大文字書きされることもある。
[2] Misstrauen gegen+4格 …⁴に対する不信感

mit Recht / zu Recht
…は当然だ

① Der Vater ärgerte sich **mit Recht** darüber.
父がそのことで怒ったのは**当然だ**。

② Die Anwohner haben sich **zu Recht** über den Lärm der Bauarbeiten beklagt[1)].
近隣住民が建設工事の騒音のことで苦情を言ったのは**もっともだ**。

③ Die Angeklagten wurden **mit Recht** schuldig[2)] gesprochen.
被告人らは有罪判決を下されて**当然だ**。

④ Der Patient behauptete **mit Recht**, nicht ausreichend über die Risiken der Operation aufgeklärt[3)] worden zu sein.
患者が手術のリスクを十分に教えられなかったと主張したのは**当然だ**。

[1)] sich⁴ über+[4格] beklagen　…⁴のことで苦情を言う
[2)] [4格] schuldig sprechen　…⁴に有罪判決を下す
[3)] [4格] über+[4格] aufklären　…⁴に…⁴をよくわからせる、教える
受動態の現在完了（aufgeklärt worden sein）がzu不定詞句で表現された構造。

von+ 3格 die Rede sein

…³ が話題である

① **Von** wem **ist die Rede**, wenn ich fragen darf?
誰のことが**話題になっている**のですか、もしお尋ねしてよければ。

② In seiner Abhandlung **ist von** einigen absurden Theorien **die Rede**.
彼の論文の中では、いくつかのばかげた理論が**問題になっている**。

③ Du hast richtig gehört: **Die Rede ist von** dir!
君はちゃんと聞いていたのか。君のことを**話してるんだ**よ。

④ Wo**von**[1] **ist** in der Sendung **die Rede**?
放送では何が**話題になっている**のか？

関連表現

von+ 3格 kann keine Rede sein
…³などありえない、問題にならない
　Da**von kann keine Rede sein**.
　それは**話にならない**。

---

[1] wovon　前置詞 von と疑問代名詞 was との融合形

in der Regel
ふつうは、通例

① Das Oktoberfest dauert **in der Regel** 16 Tage und endet am ersten Sonntag im Oktober.

オクトーバーフェストは**ふつう** 16 日間続き 10 月の最初の日曜日に終わる。

② **In der Regel** braucht der Zug nach München nur eine Stunde.

通常ミュンヘンまで電車で一時間しかかからない。

③ In diesem Wald trifft man **in der Regel** kaum noch Wildschweine an.

ふつうこの森ではもうほとんどイノシシに出会うことはない。

④ An der Debatte beteiligen[1] sich jedesmal **in der Regel** etwa 30 Politiker.

その討議には毎回**通例** 30 名ほどの政治家が参加する。

---

[1] sich[4] an+[3格] beteiligen …3に参加する

der Reihe nach / nach der Reihe
順番通りに

① Er musste alle Gäste **der Reihe nach** begrüßen.
彼はすべてのゲストに**順々に**挨拶せねばならなかった。

② Die Arbeitsuchenden[1] stellten sich **der Reihe nach** im Jobcenter an.
求職者たちは職業センターで**順番通りに**並んでいた。

③ Im Callcenter werden die Anrufe **der Reihe nach** angenommen.
コールセンターでは電話が**順番に**受け付けられる。

④ Der Postbote klingelte **der Reihe nach** bei allen Wohnungen.
郵便配達人は**順番通りに**すべての住まいのベルを鳴らした。

> **関連表現**
>
> an die Reihe kommen　自分の番になる
> Wann **komme** ich **an die Reihe**?
> いつになったら私の**番**が回って来るのですか？

---

[1] Arbeitsuchenden　求職者（現在分詞arbeitsuchendの名詞的用法、形容詞の語尾変化をする）

auf Reisen gehen
旅に出る

① Ich werde nächsten Sommer für ein paar Wochen[1] **auf Reisen gehen**.

私は今度の夏数週間の予定で**旅に出る**。

② Wenn ich das nächste Mal[2] **auf Reisen gehe**, dann bestimmt nicht mehr nach Mallorca.

私が今度**旅に出るなら**絶対にマリョルカへは行かない。

③ Da mein Nachbar **auf Reisen gegangen** ist, soll[3] ich seine Blumen gießen.

隣人が**旅に出た**ので彼の花に水やりをするよう言われている。

④ Wenn du **auf Reisen gehst**, brauchst du eine gute Versicherung.

君が**旅行に行く**ときには、よい保険に入っていく必要がある。

関連表現

sich⁴ auf die Reise machen　旅立つ
　Gestern **machte** sie **sich** wieder **auf die Reise**.
　昨日彼女はふたたび**旅立った**。

---

[1] für ein paar Wochen　数週間の予定で (fürは予定の期間を表す前置詞)
[2] das nächste Mal　次回 (名詞の4格の副詞的用法)
[3] このsollenは第三者 (ここでは隣人または隣人に頼まれた人) の意思を表す。

eine Rolle spielen

ある役割を演じる

① Geld **spielt** bei ihm gar **keine Rolle**[1].

彼はお金のことなど全然**問題にしてい**ない。

② Es **spielt eine** wichtige **Rolle**[2], gute Werbung für ein Produkt zu machen.

製品のためによい広告を打つことが重要な**役割を演じる**。

③ Die Qualität der Unterkunft **spielt** auf Reisen[3] **eine große Rolle**.

宿の質が旅行中は**重要だ**。

④ Es **spielte** für ihn **keine Rolle**, ob er vor 10 oder vor 1.000 Zuschauern Klavier spielte.

ピアノをひくのに観客が10人いようが1000人いようが、彼にとってそれは**どうでもいいことだった**。

---

[1] keine Rolle spielen 役割を演じない（否定する場合）
[2] eine wichtige / große Rolle spielen 重要な役割を演じる
[3] auf Reisen 旅行中は

3格 den Rücken kehren / wenden

…³ に背を向ける

① Schon lange **kehrt** er mir **den Rücken**.
もう長い間彼は私に**そっぽを向いている**。

② Nachdem er seiner Heimatstadt **den Rücken gewandt** hatte, kehrte er nie wieder dorthin zurück.
故郷の町と**縁を切って**以来彼は決して二度とそこへは戻らなかった。

③ Der Nobelpreisträger hatte seiner Forschung **den Rücken gekehrt** und widmete[1] sich im Alter ganz seiner Familie.
ノーベル賞受賞者は彼の研究は**そっちのけで**老年期は家族にすべてを捧げた。

④ Keiner hätte erwartet, dass er seiner Partei **den Rücken kehren** würde.
誰一人として彼が自分の政党を**見限る**とは思いもしなかった。

---

[1] sich⁴ 3格 widmen …³に献身する、専念する

auf+ 4格 Rücksicht nehmen

…⁴ のことを配慮する、思いやる

① Er **nimmt** immer viel **Rücksicht auf** seine Mitmenschen.
彼は仲間にいつも十分な**配慮をしている**。

② Bitte **nimm**[1] etwas **Rücksicht auf** meine angeschlagene Gesundheit.
どうか私が体調不良であることを少しは**配慮して**くれないか。

③ Meine Bekannte **nimmt** immer zu viel **Rücksicht auf** die Wünsche ihrer Familie.
私の知り合いはいつも家族の要望に**気を配り**すぎる。

④ Er **nahm** keine **Rücksicht auf** die Karriere seiner Kollegen.
彼は同僚の出世のことを**配慮し**なかった。

関連表現

mit Rücksicht [2] auf+ 4格 …⁴を考慮して
Sie will **mit Rücksicht auf** ihre Gesundheit an der Reise nicht teilnehmen.
彼女は健康状態**を考えて**旅行には参加しないつもりだ。

---

[1] nehmenのduに対する命令形。
[2] 考慮しない場合はohne Rücksichtを用いる。

zur Sache kommen
本題に入る

① Wollen wir gleich **zur Sache kommen**!
すぐに**本題に入る**ことにしよう。

② Bei der Präsentation der neuen Werbekampagne **kam** er ohne Umschweife[1] **zur Sache**.
新しい広告キャンペーンのプレゼンテーションで彼はためらいもなく**本題に入った**。

③ Bitte halten Sie sich nicht mit Höflichkeiten auf[2], sondern **kommen** Sie gleich **zur Sache**.
社交辞令は結構ですので、すぐに**本題に入って**ください。

④ Manchmal ist es besser, ohne lange Debatten gleich **zur Sache** zu **kommen**.
時として長い討議をしないですぐに**本題に入った**ほうがよいことがある。

関連表現

nichts zur Sache tun　本題とは関係ない、重要でない
　Das **tut nichts zur Sache**.
　それは**関係ない**。

---

[1] ohne Umschweife　率直に、ためらわずに (Umschweife (複数) は「回りくどい」という意味)
[2] sich⁴ mit+3格 aufhalten　…³に関わり合う

278

in eine Sackgasse[1] geraten

行き詰まる

① Unser Projekt ist leider **in eine Sackgasse geraten**[2].
われわれのプロジェクトは残念ながら**行き詰まってしまった**。

② Die Verhandlungen mit der Gewerkschaft sind **in eine Sackgasse geraten**.
労働組合との交渉は**行き詰まった**。

③ Bei ihren Protesten gegen die neue Landebahn **waren** die Bürger **in eine Sackgasse geraten**.
新着陸用滑走路に対する反対で、市民は**行き詰まっていた**。

④ Die Opposition fürchtet, bei ihren Gesprächen mit der Regierung **in eine Sackgasse** zu **geraten**.
野党は政府との話し合いで**行き詰まってしまう**のではないかと懸念している。

---

[1] die Sackgasse　袋小路
[2] geratenの過去分詞は不定詞と同形、sein支配。

etwas zu sagen haben
何か言うことがある、発言権がある

① **Haben** Sie dazu **etwas zu sagen**?
これに対し**何かおっしゃりたい**ことがありますか？

② Wenn Sie **etwas zu sagen haben**, dann melden Sie sich bitte.
何かご意見がございましたら、ご連絡ください。

③ Er **hat** in dieser Organisation **etwas zu sagen**.
彼はこの組織で**影響力がある**。

④ Sie **haben** in dieser Firma **nichts**[1] **zu sagen**.
彼らはこの会社では**何の力も持っていない**。

---

[1] 内容を否定する場合にはetwasのかわりにnichtsを用いる。

4格 satt haben

…⁴ にうんざりしている

① Ich **habe** deine Ausreden **satt**.
君の言い訳には**うんざりだ**。

② Die Band **hatte** es[1] **satt**, bei jedem Konzert die alten Hits zu spielen.
その楽団はコンサートの度に古いヒットソングを演奏することに**飽き飽きしていた**。

③ Die Kinder **hatten** es **satt**, zu[2] jeder Mahlzeit Milch zu trinken.
子供たちは食事のたびに牛乳を飲むのを**嫌がっていた**。

④ Der Oberarzt **hatte** die Diskussionen mit der Krankenhausleitung gründlich **satt**.
医長は病院の経営陣との話し合いにひどく**うんざりしていた**。

---

[1] es は後続の zu 不定詞句を指す、③も同様。
[2] zu …の時に（時点・時期を表す前置詞）

Schaden nehmen[1]

被害を受ける

① Durch das Kohlendioxid **nimmt** die Umwelt großen **Schaden**.
二酸化炭素によって環境は大きな**被害を受けている**。

② Beim Transport hatten die Waren **Schaden genommen**.
輸送の際に商品が**傷ついた**。

③ Hoffentlich hat seine Gesundheit **keinen Schaden genommen**!
彼の健康が**損なわれていな**ければよいのだが。

④ Bitte passen Sie auf[2], dass unser Porzellan **keinen Schaden nimmt**.
私たちの磁器が**壊れない**よう気をつけてください。

---

[1] nehmen のかわりに leiden が用いられることもある。
[2] auf+ 4格 aufpassen …⁴に注意する（この場合は dass 文を受ける darauf が省略されていると考えられる）

3格 zu schaffen machen

…³ に面倒をかける、…³ を悩ませる

① Die Kälte **machte** ihnen **zu schaffen**.
寒さが彼らを**苦しめた**。

② Ihm **macht** sein Magen in letzter Zeit[1] schwer **zu schaffen**.
このところ彼の胃の具合がかなり**思わしくない**。

③ Meinem Vater **machten** seine Schulden sehr **zu schaffen**.
父は借金でとても**苦しんでいた**。

④ Es **machte** ihr sehr **zu schaffen**, dass sie das Familienunternehmen nicht vor dem Bankrott retten[2] konnte.
家内企業を倒産から救えなかったことが彼女をとても**苦しめた**。

---

[1] in letzter Zeit / in der letzten Zeit 最近
[2] 4格 vor+3格 retten …⁴を…³から救う

scheinen + zu不定詞

…のように見える、思える

① Er **scheint** der richtige Mann dafür **zu** sein.
彼はそれにうってつけの男の**ようだ**。

② Er **scheint** sich große Sorgen[1] um seine kranke Mutter **zu** machen.
彼は病気の母親のことを非常に心配している**ように見える**。

③ Das Wetter **scheint** endlich besser **zu** werden.
天気はようやくよく**なりそうだ**。

④ An ihrem neuen Arbeitsplatz **scheint** es[2] ihr gut **zu** gefallen.
彼女は新しい職場を気に入った**ようだ**。

---

[1] sich³ um+ 4格 Sorgen machen …⁴のことで心配する
[2] 非人称の主語のes。

Schlange stehen

長蛇の列を作る

① Vor dem bekannten Restaurant muss man immer **Schlange stehen**.

その有名なレストランの前ではいつも**行列し**なければならない。

② Im Schwimmbad musste ich an der Kasse[1] lange **Schlange stehen**.

プールのレジで私は長いこと**並んで待た**なければならなかった。

③ Wie lange musstet ihr an der Kinokasse **Schlange stehen**?

君たちは映画館のチケット売り場でどのくらい**並ば**なければならなかったのですか？

④ Ich musste 20 Minuten **Schlange stehen**, nur um eine Monatskarte zu kaufen.

定期券を買うだけだったのに20分も**並ば**なくてはならなかった。

---

[1] an der Kasse　レジで（anは場所を表す）

Schluss machen
終わりにする、やめる

① Neulich hat mein Mann mit[1] dem Rauchen **Schluss gemacht**.

最近私の夫はタバコを**やめた**。

② Unsere Tochter kann beim Telefonieren einfach nicht **Schluss machen**.

私たちの娘は電話をなかなか**切ろう**とはしない。

③ Mein Sohn hat mit seiner neuen Freundin wieder **Schluss gemacht**.

息子は新しい彼女とまた**別れた**。

④ Die Regierung sollte **Schluss** damit **machen**, Steuergelder für unsinnige Projekte zu verschwenden.

政府は無意味なプロジェクトに税金を浪費すること**をやめる**べきだろう。

関連表現

zum Schluss 最後に

Zum Schluss möchte ich Ihnen „Vielen Dank!" sagen.

最後にみなさまに「どうもありがとう！」と言わせていただきます。

---

[1] やめる対象はmit+3格 で表す。

Schritt für Schritt

一歩一歩、徐々に

① Sein Englisch wird **Schritt für Schritt** besser.
彼の英語は**徐々に**よくなっていく。

② Sie näherten[1] sich **Schritt für Schritt** dem Ziel.
彼らは**一歩ずつ**ゴールに近づいていた。

③ Die Sekretärin ging die Unterlagen für die Sitzung **Schritt für Schritt** durch.
秘書は会議に出す書類に**少しずつ**目を通した。

④ **Schritt vor Schritt** kommt auch zum Ziel[2].
一歩ずつ進んでもいつかは目標に到達する。

関連表現

mit+3格 Schritt halten　…³と歩調を合わせる
　Ich kann **mit** ihm nicht **Schritt halten**.
　彼とは**歩調が合わない**。

---

[1] sich⁴ 3格 nähern　…³に近づく
[2] [諺] Schritt vor SchrittはSchritt für Schrittとほぼ同じ意味で用いられる。

an+ 3格 Schuld haben[1)]

…³の責任がある

① Ich **habe an** allem **Schuld**.
すべては私**のせいだ**。

② Die Bahn **hatte an** den Verspätungen keine **Schuld**.
鉄道に遅延の**責任**はなかった。

③ **An** der Eskalation der Proteste **hatten** die Demonstranten keine **Schuld**.
抗議運動が拡大したことは、デモ参加者たちの**責任**ではなかった。

④ Der Autofahrer **hatte an** dem Unfall mit dem Mopedfahrer keine **Schuld**.
そのドライバーは小型バイクの運転手との事故には**責任**はなかった。

[1)] habenのかわりにtragenが用いられることもある。

3格 die kalte Schulter zeigen

…³ に冷淡な態度をとる

① Sie **zeigt** mir neuerdings **die kalte Schulter**.
彼女は最近私を**冷たくあしらう**。

② Er bat um ein Autogramm seiner Lieblingssängerin, doch sie **zeigte** ihm **die kalte Schulter**.
彼はお気に入りの歌手のサインを求めたが、彼女は彼に**よそよそしかった**。

③ Sie wollte sich versöhnen[1], doch ihr Mann **zeigte** ihr **die kalte Schulter**.
彼女は仲直りしようとしたが、夫は彼女に**よそよそしい態度をとった**。

④ Als er um eine Gehaltserhöhung bat, **zeigte** sein Chef ihm **die kalte Schulter**.
彼は昇給を求めたが、上司は彼に**冷淡な態度をとった**。

---

[1] sich⁴ versöhnen 仲直りする

4格 in Schutz nehmen

…⁴ を弁護する

① Ich werde ihn mit aller Kraft[1] **in Schutz nehmen**.
私は彼を全力で**弁護する**つもりだ。

② Er wollte nur seine Familie **in Schutz nehmen**.
彼は自分の家族だけを**守ろう**とした。

③ Warum **nimmst** du deinen Vater auch noch **in Schutz**?
なぜ君はお父さんの**弁護までする**のか？

④ Der Firmenchef **nahm** seine Sekretärin angesichts[2] der Vorwürfe sehr **in Schutz**.
社長は非難に直面して彼の秘書を懸命に**擁護した**。

---

[1] mit aller Kraft　全力で
[2] angesichts　…²に直面して、…²を考慮して（2格支配の前置詞）

4格 auf die leichte Schulter nehmen

…⁴ を軽く考える

① Den Zustand des Patienten darf man nicht **auf die leichte Schulter nehmen**.

患者の容体を**軽く考えて**はいけない。

② Einen Herzinfarkt sollte man nicht **auf die leichte Schulter nehmen**.

心筋梗塞を**甘く見て**はならない。

③ Seine Probleme bei der Arbeit **nimmt** er etwas zu sehr[1) **auf die leichte Schulter**.

仕事上の問題を彼は何かあまりにも**軽く考え**すぎている。

④ Mobbing unter Schülern[2) darf die Schulleitung nicht **auf die leichte Schulter nehmen**.

生徒間のいじめを学校当局は**軽く考えて**はいけない。

[1) etwas zu sehr　副詞の羅列「何かあまりにも」程度の意味。
[2) Mobbing unter Schülern　生徒間のいじめ

schwarz auf weiß

文書で、はっきりした形で

① Darf ich Ihre Erlaubnis **schwarz auf weiß** haben?

あなたの許可を**文書で**いただけますか？

② In meinem Vertrag steht[1] **schwarz auf weiß**, dass ich pro Jahr vier Wochen Urlaub bekomme.

私の契約書には年に４週間の休暇が取れると**はっきりと**書いてあります。

③ Der Mietvertrag sagt[2] **schwarz auf weiß**, dass die Wohnung bei Auszug renoviert werden muss.

賃貸契約には住居を引き払う際には改修されねばならないと**はっきり**記されている。

④ In ihrem Abschlusszeugnis sieht man **schwarz auf weiß**, dass sie nur die besten Noten hatte.

彼女の卒業証明書を見れば彼女が最良の評点だけをとっていたことが**はっきりと**わかる。

---

[1] stehen 書いてある、載っている
[2] sagen （主語である事物に）…が書いてある

es schwer haben[1]

苦労する

① Sie **haben es schwer**.
彼らは**苦労している**。

② Als Kind **hatte** sie **es** mit drei jüngeren Geschwistern sehr **schwer**.
子供の頃彼女は3人の妹や弟をかかえてとても**苦労した**。

③ Im Krieg **hatte** die Familie **es schwer**.
戦争で家族は**苦労した**。

④ Der Vater **hatte es schwer**, seine Familie zu ernähren.
父親は家族を養うために**苦労した**。

---

[1] esは形式目的語。

in Schwierigkeiten geraten[1)]

困難に陥る

① Die politische Organisation **geriet** finanziell **in Schwierigkeiten**.

その政治団体は資金の面で**困難に陥った**。

② Der Politiker **geriet in** große **Schwierigkeiten**, als die Presse den Skandal aufdeckte.

その政治家は新聞がスキャンダルを暴露した時、非常に**困難な状況に陥った**。

③ Du **gerätst** auch **in Schwierigkeiten**, wenn du alles ausplauderst.

君が全部をしゃべってしまったら、君もまた**面倒なことになるよ**。

④ Der Architekt **geriet in Schwierigkeiten**, als der Bauherr nicht zahlen konnte.

その建築家は建築主が支払いができなくなった時**窮地に立った**。

[1)] geratenのかわりにkommenが用いられることもある。

[sich³] 2格 sicher sein

…² を確信している

① Ich **bin** meines Erfolgs **sicher**.
私は成功を**確信している**。

② Er **war sich** seiner Sache **sicher**.
彼は自分のことは**よくわかっていた**。

③ Die Königin konnte **sich** der Loyalität ihrer Untertanen **sicher sein**.
女王は彼女の臣下の忠誠を**確信していた**。

④ Der Präsidentschaftskandidat[1] **war sich** seines Wahlsiegs **sicher**.
大統領候補者は彼の当選を**確信していた**。

---

[1] der Präsidentschaftskandidat 大統領候補者
（Kandidatは男性弱変化名詞）

4格 im Sinn haben

…⁴ を考えている

① Er **hat** immer nichts Gutes **im Sinn**.
彼はいつもよからぬことを**企んでいる**。

② Er **hat** einen ausgeklügelten Plan **im Sinn**.
彼は練り上げられた計画を**もくろんでいる**。

③ Ein kleines Kind kann noch nichts Schlechtes[1] **im Sinn haben**.
小さい子供はまだ何一つ悪いことなど**考える**ことができない。

④ Der Diktator **hatte** Fürchterliches[2] **im Sinn**.
独裁者は恐ろしいことを**企んでいた**。

関連表現

3格 aus dem Sinn kommen …³の頭から離れる
Seine Ratschläge waren mir völlig **aus dem Sinn gekommen**.
彼の忠告を私はすっかり**忘れてしまっていた**。

---

[1] Schlechtes 形容詞schlecht（悪い）の名詞的用法。
[2] Fürchterliches 形容詞fürchterlich（恐ろしい）の名詞的用法。

so ..., dass ...

あまりに…なので、その結果…

① Es regnete **so** stark, **dass** die Kinder zu Hause bleiben mussten.

雨が**あまりに**激しかった**ので**、子供たちは家にいなければならなかった。

② Die Rechnung war **so** hoch, dass ich sie nicht bezahlen konnte.

請求額が**あまりに**高かった**ので**、私はそれを払うことができなかった。

③ Ihre Tochter war **so** intelligent, **dass** sie zwei Klassen überspringen[1)] konnte.

彼女の娘は2学年飛び級**するほど**とても頭が良かった。

④ Die Sitzung dauerte **so** lange, **dass** ich einen Kaffee trinken ging[2)].

会議は**とても**長かった**ので**、私はコーヒーを飲みに行った。

関連表現

... , so dass ...　その結果…
> Das Kind hatte plötzlich hohes Fieber bekommen, **so dass** es nicht kommen konnte.
>
> その子供は突然発熱した**ので**来ることができなかった。

[1)] überspringen　飛ばす、飛び越える（非分離動詞）
[2)] trinken gehen　飲みに行く（zuのない不定詞と「…しに行く」の意味で用いられる）

so ..., wie möglich[1]

できるだけ…に

① Er lief **so** schnell **wie möglich**.
彼は**できるだけ**速く走った。

② Bitte rufen Sie mich **so** bald **wie möglich** zurück[2].
できるだけ早く折り返しお電話ください。

③ Ich erledige die Arbeit **so** akkurat **wie möglich**.
私は**できるだけ**入念に仕事を片付ける。

④ Nehmen Sie bitte **so** wenig Gepäck **wie möglich** mit.
持っていく荷物は**できるだけ**少なくしてください。

---

[1] soの後には原級が用いられる。
[2] zurückrufen 電話をかけなおす(分離動詞)

sich³ um+ 4格 Sorgen machen[1]

…⁴のことで心配する

① Ich **mache mir Sorgen um** die Zukunft der Kinder.
私は子供たちの将来が**心配だ**。

② Sie **machte sich Sorgen um** ihren bettlägerigen Vater.
彼女は寝たきりの父親のことが**心配だった**。

③ Ich **mache mir** keine **Sorgen um** Geld.
私はお金のことは**心配して**いない。

④ **Machst** du **dir** etwa **Sorgen um** mich?
ひょっとして私のことを**心配してる**の？

---

[1] 「そのこと」という意味でum+ 4格 のかわりにdarüberが用いられることもある。
Mach dir darüber keine Sorgen!　そのことは心配するな！

sowohl ... als auch[1] ...

…でもあり、…でもある

① Sie spricht **sowohl** Englisch **als auch** Deutsch.
彼女は英語**も**ドイツ語**も**話す。

② Ich besitze **sowohl** ein Auto **als auch** ein Motorrad.
私は車**も**バイク**も**持っている。

③ Er hatte **sowohl** Hunger **als auch** Durst.
彼はお腹**も**減り喉**も**乾いていた。

④ Sie ist **sowohl** begabt **als auch** geschickt.
彼女は才能**もあるし**器用**でもある**。

---

[1] auchは省略されることもある、またalsのかわりにwieが用いられることもある。

4格 aufs Spiel setzen

…⁴ を賭ける、危険にさらす

① Er hat alles **aufs Spiel gesetzt**.
彼はすべてを**賭けた**。

② Für seine Freunde würde er sogar seine Karriere **aufs Spiel setzen**.
友人たちのために彼は自分の出世までも**賭ける**でしょう。

③ Für deine Arbeit darfst du nicht deine Gesundheit **aufs Spiel setzen**.
仕事だからといってあなたの健康を**危険にさらして**はいけません。

④ **Setz** für diese Frau bloß[1] **nicht** dein Glück **aufs Spiel**!
こんな女性のためにどうか君の幸せを**棒に振らないでくれ**。

---

[1] bloß （命令文で）とにかく、どうか

Station machen
滞在する

① Sie haben auf dem Rückweg[1] nach Frankfurt in Köln **Station gemacht**.

彼らはフランクフルトへ帰る途中ケルンに**立ち寄った**。

② Können wir bitte kurz bei mir zuhause **Station machen**?

私どもの家にちょっと**お立ち寄り**くださいませんか？

③ Alle wollten an einer Berghütte **Station machen**, um etwas zu essen.

全員が何か食べるために山小屋に**立ち寄る**ことを望んだ。

④ Auf seiner Reise **machte** er an einigen interessanten Orten **Station**.

旅行中彼はいくつかの興味深い場所に**滞在した**。

---

[1] auf dem Rückweg nach ...　…へ帰る途中

an seiner Stelle / an Stelle 2格 / von+3格[1)]

…のかわりに

① **An Stelle** der Milch gab es zum Frühstück Orangensaft.
牛乳**のかわりに**オレンジジュースが朝食に出た。

② **An deiner Stelle** würde ich das Geld sofort zurückzahlen.
私が**君の立場だったら**そのお金をすぐに返済するだろうに。

③ **Anstelle von** Vorwürfen würde ich lieber konstruktive Kritik hören.
非難**の代わりに**私は建設的な批判が聞きたいのです。

④ **Anstelle von** Herrn Schmidt werde ich heute Ihr Reiseleiter sein.
シュミット氏**の代わりに**私が本日添乗員を務めるつもりです。

関連表現

auf der Stelle　その場で、ただちに
　Er war **auf der Stelle** tot.
　彼は**即**死だった。

zur Stelle sein　その場にいる
　Meine Freunde **sind** immer **zur Stelle**, wenn ich sie brauche.
　私の友だちは必要な時にはいつも**そばにいてくれる**。

[1)] anstelleと書かれることもある。

gegen+ 4格 Stellung nehmen / beziehen

…⁴ に反対する

① Viele **nahmen gegen** den Vorschlag **Stellung**.
多くの人々がその提案に**反対の態度をとった**。

② Die Anwohner **bezogen** vergeblich[1] **gegen** den Bau der Brücke **Stellung**.
周辺の住民はその橋の建設に**反対した**が駄目だった。

③ Wie können wir **gegen** den Tarifvertrag am besten **Stellung beziehen**?
どのように労働賃金協約に対して**反対すれば**一番よいのか？

④ Die Schüler **bezogen** vehement[2] **Stellung gegen** die Schließung der Cafeteria.
生徒たちはカフェテリアの閉店に猛烈に**反対した**。

関連表現

für+ 4格 Stellung nehmen …⁴に賛成する
Alle haben in der Sitzung **für** mich **Stellung genommen**.
会議では全員が私に**賛成の立場をとった**。

---

[1] vergeblich 「無駄な」という意味の形容詞、「…したが無駄であった」という構文でよく用いられる。
[2] vehement [ヴェヘメント] 猛烈な（発音に注意）

im Sterben liegen
死に瀕している

① Der Patient **liegt im Sterben**.
その患者は**死に瀕している**。

② Dieses Waldstück **liegt** bereits **im Sterben**.
この辺りの森はすでに**今にも死にそうだ**。

③ Ist es wahr, dass Ihre Mutter **im Sterben liegt**?
あなたのお母さんが**死にそうだ**というのは本当ですか？

④ Erst als[1] sein Vater **im Sterben lag**, konnte er sich mit ihm versöhnen.
父親が**死の間際になって**ようやく彼は仲直りすることができた。

---

[1] alsは従属の接続詞、erst als ... で「…してようやく」の意味。

4格 im Stich lassen

…⁴ を見捨てる

① Sie hat ihre Freundin **im Stich gelassen**.
彼女は友人を**見捨てた**。

② Er würde seine Familie niemals **im Stich lassen**.
彼は決して家族を**見捨てる**ようなことはしないでしょう。

③ In den Ferien hatte er das Gefühl, seine Kollegen **im Stich** zu **lassen**.
休暇中彼は同僚を**見捨てた**ような気がした。

④ Der Kapitän **ließ** seine Mannschaft auf dem brennenden Schiff **im Stich**.
船長は燃えている船上にいる乗組員を**見殺しにした**。

関連表現

stichhaltig sein（主張などの）根拠がしっかりしている
　Sein Alibi[1] **ist** nicht **stichhaltig**.
　彼のアリバイは**根拠が十分**でない。

---
[1] Alibi [アーリビ] アリバイ

in Stimmung sein

楽しい気分である

① Die Gäste **waren** alle **in Stimmung**.

ゲストはみんな**上機嫌だった**。

② Auf der Hochzeit **waren** auch die Großeltern **in** bester[1] **Stimmung**.

結婚式では祖父母たちも**上機嫌だった**。

③ Er **war** so **in Stimmung**, dass er auf dem Tisch tanzte.

彼はテーブルの上で踊るほど**機嫌がよかった**。

④ Ich **bin** heute nicht **in Stimmung** zum Feiern.

私は今日はパーティーを**楽しむ気分**じゃない。

---

[1] 「上機嫌である」気分がよいことを強調するために形容詞gutやその最上級のbestを用いることもある。

auf+ 4格 stolz sein

…⁴ を誇りにしている

① Die Eltern **sind stolz auf** ihren fleißigen Sohn.
両親は勤勉な息子のことを**誇りにしている**。

② Er **war stolz auf** die Gelehrigkeit seines Jagdhundes.
彼は自分の猟犬が物覚えがよいことを**誇りに思っていた**。

③ Sie können **stolz auf** Ihre Kollegen **sein**!
あなたの同僚を**自慢に思って**ください。

④ Sie **war stolz auf** ihre guten Sprachkenntnisse[1].
彼女は外国語の知識に長けていることを**誇りに思っていた**。

---

[1] Sprachkenntnisse　外国語の知識（Kenntnisはふつう複数で用いる）

auf offener Straße

公衆の面前で

① Beim Wiedersehen haben sie sich **auf offener Straße** umarmt.

再会して彼らは**公衆の面前で**抱き合った。

② In Japan ist es nicht üblich, dass man sich **auf offener Straße** küsst[1].

日本では**人前で**キスを交わすのは普通ではない。

③ Der Attentäter hat den Musiker **auf offener Straße** erschossen.

暗殺者はその音楽家を**公衆の面前で**射殺した。

④ Das Kind wurde **auf offener Straße** entführt.

その子供は**公衆の面前で**拐われた。

---

[1] 相互的に sich⁴ küssen の形で「キスを交わす」の意味。

gegen den Strom schwimmen
大勢に逆らう

① Es war damals unmöglich, **gegen den Strom** zu **schwimmen**.
当時は**大勢に逆らう**ことは不可能だった。

② In seinen Texten **schwamm** der Musiker gern **gegen den Strom**.
台本の中ではその音楽家は好んで**時流に逆らっていた**。

③ Sie ist kein Mensch, der gern **gegen den Strom schwimmt**.
彼女は**大勢に逆らう**のを好む人間ではない。

④ Er war ein Schriftsteller[1], der immer gern **gegen den Strom schwamm**.
彼はいつも**時流に逆らっていた**ような作家だった。

---

[1] 先行詞にein Schriftstellerと不定冠詞が用いられているのは「…する作家」ではなく「…するような作家」という意味であるため。つまり後続する関係文が「指定」を表すときは先行詞には定冠詞がつき「形容」であるときには不定冠詞が用いられる。

Stück für Stück

一つ一つ、少しずつ

① Sie kamen **Stück für Stück** weiter[1].

彼らは**一歩ずつ**進んだ。

② Die Schüler mussten das Gedicht **Stück für Stück** auswendig lernen.

生徒たちはその詩を**少しずつ**暗記しなければならなかった。

③ Der Kommissar hat die Einzelheiten des Falls **Stück für Stück** analysiert.

警部はその事件の細かい点を**一つずつ**分析した。

④ Die Einkäufe für unsere Party werden wir **Stück für Stück** besorgen.

私たちのパーティーのための買い物を私たち**は少しずつ**済ますつもりです。

---

[1] weiterkommen　先へ進む（分離動詞でsein支配）

von Tag zu Tag
一日ごとに

① Es[1] wird **von Tag zu Tag** wärmer.
日一日と暖かくなる。

② Es[2] wurde **von Tag zu Tag** offensichtlicher, dass die Firma pleite war.
その会社が倒産したことが**日がたつにつれて**明らかになっていった。

③ Die Epidemie forderte **von Tag zu Tag** mehr Todesopfer.
流行病が**日を追って**より多くの犠牲者を出した。

④ Durch sein Training wurde er **von Tag zu Tag** stärker.
彼のトレーニングによって**日に日に**彼は強くなっていった。

関連表現

Tag für Tag　来る日も来る日も
　Es regnete **Tag für Tag**.
　来る日も来る日も雨だった。

Tag und Nacht　昼夜
　Wir arbeiten **Tag und Nacht**.
　私たちは**昼夜**働いた。

---
[1] 天候・日時などを表す文で形式的に用いられた、いわゆる非人称の主語のes。
[2] 後続のdass文を指示する相関詞としてのes。

in der Tat

事実、本当に

① Das Kind rechnete **in der Tat** gut.
その子は**本当に**計算が上手だった。

② Was[1] er berichtete, war **in der Tat** richtig.
彼が報告したことは**事実**正しかった。

③ Der Student hatte **in der Tat** einen Spickzettel in seiner Tasche.
その学生はかばんの中にカンニングペーパーを**実際**に持っていた。

④ Unser Institut hat **in der Tat** kein Geld mehr.
われわれの研究所は**本当に**もうお金がない。

---

[1] 先行詞のない不定関係代名詞wasの用法、後続する主文の文頭に指示代名詞dasが置かれるがこの例のようにwas─dasとなるときは省かれる。

zum Teil
部分的に

① **Zum Teil** kann ich dem Vorschlag zustimmen.
部分的には私はその提案に賛成できる。

② **Zum Teil** habe ich seine Erklärung nicht richtig verstanden.
一部私は彼の説明を正しく聞き取れなかった。

③ Er hat mir seinen Plan nur **zum Teil** anvertraut.
彼は私に彼の計画を**部分的に**しか任せてくれなかった。

④ Die Terroristen[1] beschaffen sich ihr Geld **zum Teil** durch Entführungen.
テロリストたちは**一部**誘拐によって彼らの資金を調達している。

関連表現

ein gut Teil　かなりの量
　Es geht ihm **ein gut Teil** besser.
　彼の容体は**ずっと**よくなった。

---

[1] den Terroristen 〔男性弱変化名詞〕テロリスト 〔1格〕der Terrorist 〔女性形〕Terroristin

teils ..., teils ...

一部は…、一部は…

① Während der Reise hatten wir **teils** Sonnenschein, **teils** Regen.
旅行中は晴天に恵まれ**たり**雨にたたられ**たり**だった。

② Die Bewerber sind **teils** Profis, **teils** aber auch Amateure[1].
志願者はプロ**もいれば**アマチュア**もいる**。

③ Die alten Fotos hatte sie **teils** weggeworfen, **teils** aufbewahrt.
彼女は古い写真のうち、**あるものは**捨て、**あるものは**保存していた。

④ Seine Kochrezepte stammten **teils** von seiner Großmutter, **teils** aus dem Internet.
彼のレシピは、**一部は**祖母から、**一部は**インターネットからのものだった。

---

[1] Amateure ［アマ**テ**ーア］アマチュア

4格 unter den Teppich kehren

…⁴ を隠す、うやむやにする

① Er hat das Problem **unter den Teppich gekehrt**.
彼はその問題を**闇に葬った**。

② Die Regierung versuchte, den Spendenskandal[1] **unter den Teppich zu kehren**.
政府は献金スキャンダルを**隠蔽しよう**とした。

③ Er will seinen Ehebruch **unter den Teppich kehren**.
彼は彼の姦通を**うやむやにする**つもりだ。

④ Versuch nicht, deine Lügen **unter den Teppich zu kehren**!
君の嘘を**隠そうとする**な。

---

[1] der Spendenskandal 献金スキャンダル (= die Spende 寄付金 + der Skandal スキャンダル)

zu Tode
死ぬほど、ひどく

① Sie war über die Nachricht **zu Tode** erschrocken[1].
彼女はその知らせに**ひどく**驚いていた。

② In seinem Unterricht langweilen sich die Schüler fast **zu Tode**.
彼の授業には生徒たちはほとんど**死ぬほど**退屈している。

③ Beim Marathon quälten sich die Läufer in der Hitze beinahe **zu Tode**.
マラソンではランナーたちは猛暑の中でほとんど**死ぬ思いをしていた**。

④ Ich habe nicht vor, mich jetzt vor Weihnachten noch **zu Tode** zu arbeiten.
私はこのクリスマス前にまだ**死ぬほど**働くつもりはない。

---

[1] über+4格 erschrecken …4に驚く（sein支配）

mit+ 3格 nichts zu tun haben[1]

…³ とは何のかかわりもない

① Ich will **mit** diesem Mann **nichts zu tun haben**.
私はこの男とは**かかわりを持ちたくない**。

② Der Abgeordnete **hatte mit** dem Skandal **nichts zu tun**.
その議員はスキャンダルとは**何のかかわりもなかった**。

③ **Mit** seinen unfairen Methoden möchte ich **nichts zu tun haben**.
彼のアンフェアなやり方に私は**かかわりたくない**。

④ **Mit** dem Bankrott **hatten** die Angestellten **nichts zu tun**.
倒産とは従業員たちは**関係がなかった**。

---

[1] 「…と大いにかかわりがある」ならばnichtsのかわりにvielを用いる。
Ich habe da**mit viel zu tun**. この件とは大いにかかわりがある。

überhaupt nicht

まったく…ない

① Das ist **überhaupt nicht** möglich.
そんなことは**まったく**不可能だ。

② Sie hat sich **überhaupt nicht** für ihre Worte geschämt[1].
彼女は自分の言葉に**まったく**恥じて**いなかった**。

③ Am Monatsende hatten wir **überhaupt kein**[2] Geld mehr.
月末に私たちは**まったく**お金が**なかった**。

④ Er hatte **überhaupt keine** Lust, auf seine kleine Schwester aufzupassen.
彼は小さな妹を見ておく気など**まったくなかった**。

---

[1] sich⁴ für+4格 schämen …⁴を恥じる
[2] 名詞が否定される場合は否定冠詞のkeinが用いられる。

für+ 4格 viel[1] übrighaben

…⁴ に大いに関心がある

① Sie **hat für** Baseball **viel übrig**.
彼女は野球に**大変関心を持っている**。

② **Für** Mozart **habe** ich nicht[2] **viel übrig**.
モーツァルトには**それほど関心があり**ません。

③ Das Kind **hat für** Mathematik erstaunlich **viel übrig**.
その子供は数学に驚くほど**大いに関心を持っている**。

④ **Für** Studentenpartys **hatte** sie nicht **viel übrig**.
学生のパーティーに彼女はそれほど**興味がなかった**。

関連表現

im Übrigen　その他の点では
　Ich habe zwar ab und zu Schmerzen im Kreuz, aber **im Übrigen** geht es mir recht gut.
　私はときどき腰が痛むが**それ以外は**かなり調子がよい。

---

[1] いくらか、少し関心があるのならvielのかわりにetwasを用いる。
[2] それほど関心がない場合はvielの前にnichtを置く。

um+ 4格 herum[1)]

…⁴の周りに、…⁴のあたり

① **Um** den Park **herum** stehen hohe Bäume.
公園の**周囲には**高い木が立っている。

② **Um** die Innenstadt **herum** verläuft eine alte Stadtmauer.
市の中心部の**周りを**古い城壁が囲んでいる。

③ **Um** den See **herum** standen einige Bänke zum Ausruhen[2)].
湖の**周りには**休憩するためのベンチがいくつか置いてあった。

④ **Um** den Campingplatz **herum** gab es nichts als[3)] Wald.
キャンプ場の**周りには**森のほかに何もなかった。

[1)] herumは前置詞のumを強める副詞
[2)] zum Ausruhen 休息するための (動詞ausruhenの中性名詞形)
[3)] nichts [anderes] als ... …のほかに何もない

unter keinen Umständen
どんなことがあっても決して…ない

① **Unter keinen Umständen** dürfen die Pläne nach außen sickern[1].

   どんなことがあってもこの計画が外部にもれてはならない。

② Diese Forschungsergebnisse dürfen **unter keinen Umständen** in falsche Hände geraten[2].

   これらの研究成果は**決して**部外者の手に渡ってはならない。

③ Von unserem Geheimnis darf er **unter keinen Umständen** etwas erfahren.

   私たちの秘密について彼は**決して**聞き及んではならない。

④ **Unter keinen Umständen** sollte die Presse informiert werden.

   決してジャーナリズムに情報が知らされてはならない。

関連表現

unter Umständen[3] 事情によっては
   Unter Umständen kann sie an der Party nicht teilnehmen.
   場合によっては彼女はパーティーに出席できないかもしれない。

---

[1] nach außen sickern 外部にもれる（sein支配）
[2] in falsch（まちがった）Hand（手に）geraten（行く）＝部外者の手に渡る geratenはsein支配。
[3] u.U.と略されることもある。

und zwar
しかも、詳しく言えば

① Die Gäste kommen übermorgen, **und zwar** um 7 Uhr abends.
ゲストは明後日、**詳しく言えば**晩の7時にやって来る。

② Er hat viel im Ausland gelebt, **und zwar** vor allem in den USA[1] und Kanada.
彼は海外で多くを過ごしてきた、**詳しく言うと**特にアメリカとカナダである。

③ Sie kann gut Kuchen backen, **und zwar** am besten Käsekuchen.
彼女はケーキを焼くのが上手だ、**それも**チーズケーキが一番上手だ。

④ Seine Bücher verkaufen sich gut[2], **und zwar** besonders bei jungen Lesern.
彼の本はよく売れる、**それも**とりわけ若い読者に。

---

[1] USAは複数で定冠詞と共に用いる、Amerikaは中性。
[2] sich⁴ gut verkaufen よく売れる

zu[1] Unrecht
不当に

① Er wurde **zu Unrecht** bestraft.
彼は**不当に**処罰された。

② Der zum Tode Verurteilte[2] hat 8 Jahre **zu Unrecht** im Gefängnis verbracht.
死刑判決を受けた男は８年間**不当に**刑務所で過ごした。

③ Der Lehrer hat den Schüler **zu Unrecht** des Betrugs beschuldigt[3].
教師は生徒を**不当にも**詐欺のことで責めた。

④ Wie sich herausstellte, war die Angestellte **zu Unrecht** von ihrem Chef gefeuert worden.
明らかになったのは、その従業員が**不当に**上司にくびにされていたということだ。

---

[1] zuのかわりにmitも用いられる。
[2] der zum Tode Verurteilte その死刑判決を受けた男
zum Tode verurteilen（死刑を宣告する）の過去分詞の名詞的用法。
[3] [4格] [2格] beschuldigen …⁴を…²のことで責める

🔊 314

im Unterschied zu + 3格

…³ とは違って

① **Im Unterschied zu** seinem Vater ist er ein vernünftiger Mann.
父親**とは違って**彼は分別のある男だ。

② **Im Unterschied zu** großen Konzernen haben wir nur einen begrenzten Werbeetat[1)].
巨大コンツェルン**と違い**われわれは限られた広告予算しかない。

③ Mein neuer Chef ist sehr umgänglich – **im Unterschied zu** seinem Vorgänger.
私の新しい上司はとても人付き合いがよい―前任者**とは違って**。

④ **Im Unterschied zu** den großen Metropolen gibt es bei uns kaum Sehenswürdigkeiten.
大都市**とは異なり**私たちのところにはほとんど名所旧跡はない。

関連表現

ohne Unterschied 区別なく
Ohne Unterschied des Geschlechts können alle Schüler an dem Fußballturnier teilnehmen.
性別**のいかんを問わず**、生徒はサッカーのトーナメントに参加できる。

[1)] der Werbeetat 広告予算　Etat（予算）は［エター］と発音する。

sich⁴ mit+ 3格 in Verbindung setzen

…³ と連絡を取る

① Ich werde **mich** sofort **mit** meinem Chef **in Verbindung setzen**.

すぐに部長**と連絡を取る**つもりです。

② Die Polizei **setzte sich** sofort **mit** der Familie des Opfers **in Verbindung**.

警察はすぐに犠牲者の家族**と連絡を取った**。

③ Bitte **setzen** Sie **sich mit** der Hotelleitung **in Verbindung**, um den Diebstahl zu melden[1].

盗難を通報するためにホテルの管理部**と連絡を取ってください**。

④ Er **setzte sich mit** dem Fernsehsender **in Verbindung**, um eine Ausstrahlung zu verhindern.

彼は放送を阻止するためにテレビ局**と連絡を取った**。

---

[1] den Diebstahl melden　盗難を通報する

3格 4格 zur Verfügung stellen

…³ に…⁴ を自由に使用させる

① Meinen Wagen **stelle** ich Ihnen jederzeit **zur Verfügung**.
私の車はいつでも**自由にお使いください**。

② Für die Party **stellte** das Modehaus der Schauspielerin mehrere Outfits **zur Verfügung**.
パーティーのためにそのアパレルメーカーは女優にいろいろな衣服を**自由に使わせた**。

③ Das Labor hatte seinen Forschern beinahe unbegrenzte Mittel[1] **zur Verfügung gestellt**.
研究所は研究者たちにほとんど無制限といっていいほど資金を**提供した**。

④ Die Werkstatt **stellte** uns für die Zeit der Reparatur einen Ersatzwagen **zur Verfügung**.
その修理工場はわれわれに修理の期間中代車を**自由に使わせてくれた**。

関連表現

3格 zur Verfügung stehen
…³にとって自由に使えるようになっている
Mein Wagen **steht** Ihnen jederzeit **zur Verfügung**.
私の車をいつでも**自由にお使いください**。

4格 zur Verfügung haben …⁴を自由に使用できる
Wie viele Flugzeuge **hat** die Firma **zur Verfügung**?
会社が**自由に使える**飛行機は何機ありますか？

---

[1] beinahe unbegrenzte Mittel ほとんど無制限に資金を（Mittelは複数で「資金」、またbeinaheはunbegrenztを修飾する副詞）

im Vergleich zu+ 3格 / mit+ 3格
…³ と比較して

① **Im Vergleich mit** mir kann mein Bruder viel schneller laufen.
私**と比べると**兄はずっと速く走ることができる。

② **Im Vergleich zur** Generation unserer Großeltern leben wir heute sehr luxuriös.
祖父母の時代**と比べると**われわれはとても贅沢に暮らしている。

③ **Im Vergleich zum** Frauenfußball ist der Männerfußball weitaus[1] populärer[2].
女子サッカー**と比べて**男子サッカーははるかに人気がある。

④ Die jüngste Prinzessin war **im Vergleich mit** ihren Schwestern die Schönste.
一番下の王女が他の姉たち**と比べて**一番きれいだった。

---
[1] weitaus（はるかに、ずっと）は比較級を強める副詞。
[2] populärer populär（人気のある）の比較級。

3格 Vergnügen bereiten[1]

…³ を楽しませる

① Das **bereitet** mir **Vergnügen**.
それをするのが私は**楽しい**。

② Es **bereitete** ihm **Vergnügen**, sich für die Armen einzusetzen[2].
貧しい人々のために尽力することが彼には**嬉しい**。

③ Glaubst du, es **bereitet** mir **Vergnügen**, jeden Tag die Hausarbeit zu machen?
毎日家事をするのを私が**楽しんでいる**とでも思いますか？

④ Ihre Arbeit **bereitete** ihr schon lange kein **Vergnügen** mehr.
彼女はもう長いこと自分の仕事が**楽しく**なかった。

---

[1] bereitenのかわりにmachenが用いられることもある。
[2] sich⁴ für+ 4格 einsetzen …⁴のために尽力する

4格 in Verlegenheit bringen

…⁴ を当惑させる、困らせる

① Die unerwartete Frage hat den Lehrer **in Verlegenheit gebracht**.

その予期せぬ質問が先生を**困らせた**。

② Die Reise auf Kosten des Pharmaunternehmens[1] **brachte** den Forscher **in Verlegenheit**.

製薬会社の費用負担の旅行はその研究者を**困惑させた**。

③ Seine unpassende Kleidung **brachte** seine Begleiterin **in Verlegenheit**.

彼の場違いの服装は同伴者を**当惑させた**。

④ Nicht einmal[2] die unverblümten Fragen der Reporter **brachten** den Trainer **in Verlegenheit**.

取材記者のあけすけな質問にすら監督は**困ら**なかった。

---

[1] die Reise auf Kosten des Pharmaunternehmens 製薬会社の費用負担の旅行
  auf Kosten 2格 …²の費用負担で
[2] nicht einmal …すらない

verloren gehen
なくなる、失われる

① Meine Monatskarte ist **verloren gegangen**.
私の定期券が**なくなってしまった**。

② Es scheint, dass die Moral der Menschen immer weiter **verloren geht**.
人間のモラルがどんどん**失われている**ように思える。

③ Behalt den Schlüssel in der Tasche, dann[1] kann er nicht **verloren gehen**.
鍵をかばんの中に入れておきなさい、そうすれば**なくす**ようなことはないから。

④ In der Menge[2] kann der Einzelne leicht **verloren gehen**.
集団の中では個人は容易に**失われる**。

---
[1] 条件文またはそれに類するものと呼応して主文の文頭に用いられた dann、特に wenn が省略されたときに用いられることが多い。
[2] in der Menge 集団の中では

4格 zur Vernunft bringen

…⁴ に理性を取り戻させる、…⁴ を正気に返らせる

① Seine Worte haben mich **zur Vernunft gebracht**.

彼の言葉が私を**正気に返らせた**。

② Die Flugbegleiter versuchten gemeinsam, den betrunkenen Passagier **zur Vernunft zu bringen**.

客室乗務員たちは一緒にその酔っ払った乗客を**正気に返らせよう**とした。

③ Sein Vater hat vergebens[1] versucht, ihn **zur Vernunft zu bringen**.

彼の父親は彼に**理性を取り戻させよう**としたが無駄であった。

④ Sie wollte unbedingt für ihr Land kämpfen und war nicht **zur Vernunft zu bringen**.

彼女は祖国のために何としても戦おうとして**正気に返る**ことができなかった。

---

[1] vergebens 無駄に、むなしく（副詞）
「…したが無駄であった」という形でよく用いられる。

im Vertrauen auf + 4格

…⁴ を信用して、…⁴ をあてにして

① **Im Vertrauen auf** sein Talent habe ich ihn eingestellt.
彼の才能**をあてにして**私は彼を採用した。

② **Im Vertrauen auf** deine Verschwiegenheit verrate ich dir ein Geheimnis.
君が口が堅いこと**を信用して**私は君に秘密を打ち明ける。

③ **Im Vertrauen auf** das Verständnis ihrer Eltern hatte sie ihre Entscheidung getroffen[1].
彼女の両親が理解してくれるの**をあてにして**彼女は決定を下していた。

④ **Im Vertrauen auf** die Vernunft der Generäle haben sie einen Friedensvertrag geschlossen[2].
司令官たちの理性**を信用して**彼らは平和条約を結んだ。

---

[1] eine Entscheidung treffen 決定を下す (→ 090)
[2] einen Friedensvertrag schließen 平和条約を結ぶ

4格 in Verwirrung bringen

…⁴ を慌てさせる

① Ihr plötzlicher Besuch **brachte** ihn völlig **in Verwirrung**.
彼女の突然の訪問は彼をすっかり**狼狽させた**。

② Diese laute Musik **bringt** mich ganz **in Verwirrung**.
このようなうるさい音楽は私をすっかり**混乱させる**。

③ Die umfangreiche Medikamentenliste seines Kunden **brachte** den Apotheker **in Verwirrung**.
客の膨大な量の薬のリストは薬剤師を**困惑させた**。

④ Es **brachte** sie **in Verwirrung**, dass sie sich nicht an seinen Namen erinnern konnte.
彼の名前を思い出せなかったことに彼女は**狼狽した**。

vor sich hin

ひとりで、ぼんやりと

① Er bummelte in der Stadt **vor sich hin**.
彼は**当てもなく**街をぶらついた。

② Während der Sitzung murmelte er die ganze Zeit leise **vor sich hin**.
会議の間ずっと彼は小声で**ひとりごとを**ぶつぶつ言っていた。

③ In der Badewanne sang sie versunken **vor sich hin**.
浴槽の中で彼女は夢中になって**ひとりで**歌っていた。

④ Auf dem Nachhauseweg[1] redete das Kind unaufhörlich **vor sich hin**.
帰宅途中その子供は絶えず**ひとりごとを**言っていた。

---

[1] auf dem Nachhauseweg　帰宅途中
　NachhausewegはHeimwegと同じ。

im Voraus[1]

あらかじめ、前もって

① Für Ihre Mühe danke ich Ihnen **im Voraus**.
お手数をおかけしますが、よろしくお願いいたします[2]。

② Er benachrichtigte seinen Chef **im Voraus** über seinen Firmenwechsel.
彼は**事前に**上司に会社を変わることを知らせた。

③ Ich bat ihn, mir die Summe **im Voraus** mitzuteilen.
私は彼に金額を**あらかじめ**知らせてくれるよう頼んだ。

④ Wenn Sie **im Voraus** zahlen, haben Sie ein gewisses Risiko.
事前に支払われる場合は、若干のリスクがあります。

---

[1] スイスではzum Vorausも用いられる。
[2] 原意は「あらかじめお礼申し上げます」。

Wache stehen

見張りに立っている

① Draußen **standen** einige Männer **Wache**.
外では何人かの男たちが**見張りに立っていた**。

② Einer der Einbrecher[1] **stand** vor dem Eingang **Wache**.
押し入り強盗の一人が入口で**見張りに立っていた**。

③ Nach dem Anschlag **standen** Polizisten[2] vor dem Rathaus **Wache**.
襲撃事件の後、警官たちは市庁舎の前で**見張りに立った**。

④ Bitte **stehen** Sie hier **Wache** und achten Sie darauf, dass niemand den Raum verlässt.
ここで**見張りに立って**誰も部屋から出て行かないよう注意してください。

---

[1] 「押し入り強盗の 人」、あとに複数2格を伴って「…のひとり」という大事な用法。Einbrecherは複数2格、もとは男性名詞なので不定代名詞にはeinerが用いられている。

[2] Polizisten (複数) [男性弱変化名詞] 警官たち [1格] der Polizist

mit+ 3格 warm werden
…³ と親しくなる

① **Mit** diesen Leuten kann ich **nicht warm werden**.

このような人たちとは私は**気が合わない**。

② Obwohl sie viele Familientreffen hatte, gelang es ihr nicht, **mit** ihrer Schwägerin **warm zu werden**.

彼女はたくさんの家族と出会ってきたが、義理の姉と**親しくなる**のはうまくいかなかった。

③ Im Laufe der Jahre[1] sind die Bewohner des Seniorenheims **mit**einander **warm geworden**.

年がたつにつれ老人ホームの住人たちは互いに**親しくなった**。

④ **Mit** ihm werde[2] ich sicher niemals richtig **warm werden**. Er ist mir einfach unsympathisch.

彼とは決して本当に**親しくなる**ことはきっとないでしょう。私は彼をとにかく好きになれない。

---

[1] im Laufe der Jahre 年がたつうちに
[2] このwerdenは未来の助動詞。

was für ein

どんな…、どんな種類の…

① **Was für ein**[1] Auto hast du gekauft?
君は**どんな車**を買ったんだい？

② **Was für eine** Tasche möchtest du kaufen?
君は**どんな**かばんを買いたいのか？

③ **Was für** Musik hören Sie gern?
あなたは**どんな**音楽を聞くのが好きですか？

④ **Was für** ein Menü passt für die Hochzeitsfeier?
結婚式のお祝いには**どんな**献立が合いますか？

---

[1] 日常語ではwasとfür einが離れることもある。したがって
Was hast du **für** ein Auto gekauft?も可能である。

ins Wasser fallen
ふいになる、水の泡となる

① Unsere Reise nach Deutschland ist leider **ins Wasser gefallen**.
私たちのドイツ旅行は残念ながら**だめになった**。

② Die Studienreise **fiel ins Wasser**, da es nicht genug Anmeldungen gab.
研修旅行は**おじゃんになった**、というのも十分な申し込みがなかったからだ。

③ Unser Picknick ist wegen Regen[1] buchstäblich **ins Wasser gefallen**.
私たちのピクニックは雨のために文字通り**水疱に帰した**。

④ Sein Plan **fiel ins Wasser**, nachdem seine Eltern ihn zur Rede[2] gestellt hatten.
彼の計画は両親が彼に釈明を求めた後**お流れになった**。

---
[1] wegen Regen 雨のために (口語的表現)
[2] 4格 zur Rede stellen …の釈明を求める

weder ... noch ...

…でもなく…でもない

① Sie spricht **weder** Englisch **noch** Deutsch.
彼女は英語**も**ドイツ語**も**話せ**ない**。

② Er verspürte[1] **weder** Hunger **noch** Durst.
彼は空腹**も**喉の渇き**も**覚え**なかった**。

③ Dieses Medikament ist **weder** günstig **noch** wirksam.
この薬は安く**もないし**、効き目**もない**。

④ Die Kaiserin war **weder** schön **noch** gütig.
皇后は美しく**もなければ**思いやり**もない**。

---

[1] verspüren 感じる、覚える⇒Hunger verspüren 空腹を覚える

331

3格 aus dem Weg gehen
…³ を避ける

① Nach diesem Streit **geht** er mir **aus dem Weg**.
あのけんか以来、彼は私を**避けている**。

② Wenn du ihn nicht leiden[1] kannst, solltest du ihm **aus dem Weg gehen**.
君が彼のことを嫌いなら、彼を**避ける**べきだろう。

③ Er **ging** seinen Eltern immer mehr **aus dem Weg**.
彼は両親をますます**避けた**。

④ In einer so kleinen Firma ist es schwierig, sich gegenseitig **aus dem Weg** zu **gehen**.
そのような小さな会社ではお互いに**避ける**のは難しい。

関連表現

seinen [eigenen] Weg / seine eigenen Wege gehen
　Er **geht** stets **seinen Weg**.
彼は常にわが道を行く。

---

[1] 4格 nicht leiden können …⁴が嫌いだ、…⁴が我慢できない（→ 208）

eine Weile
しばらくの間

① Es dauerte[1] **eine Weile**, bis die Kinder zurückkamen.
子供たちが帰ってくるまで、**しばらく**かかった。

② Es kann **eine Weile** dauern, bis der Computer wieder funktioniert.
コンピュータが再び動き出すまで**しばらく**時間がかかるかもしれない。

③ Sie ließ das Telefon **eine Weile** klingeln, dann legte sie auf.
彼女は電話を**しばらくの間**鳴らしてから切った。

④ Er wartete noch **eine Weile** vor dem Kino, dann ging er nach Hause.
彼は映画館の前でまだ**しばらくの間**待っていたが、その後家に帰った。

関連表現

nach einer Weile　しばらくしてから
　Die Kinder kamen **nach einer Weile** wieder zurück.
　子供たちは**しばらくしてから**また戻ってきた。

---

[1] Es dauerte ... bis ...　…するまで時間がかかる（非人称のesを主語にした表現でbisの副文と組み合わされたよく用いられる構文）

in keiner Weise / in keinster Weise

まったく…でない

① Das Buch eignet[1] sich **in keiner Weise** als Geschenk.
この本はプレゼントとして**まったく**ふさわしく**ない**。

② Das Ministerium hatte die Beamten **in keinster Weise** informiert.
省庁は公務員に**まったく**情報を教えてい**なかった**。

③ Er hatte **in keiner Weise** Interesse an der Jubiläumsfeier.
彼は記念祝典に**まったく**興味が**なかった**。

④ Das kann ich mir **in keinster Weise** vorstellen.
そんなことを私は**まったく**想像でき**ない**。

関連表現

auf diese Weise　このやり方で
　Auf diese Weise kann man nie sein Ziel erreichen.
　このようなやり方では目標に到達することは絶対無理だ。

---

[1] sich⁴ als+[4格] eignen　…⁴としてふさわしい

bei Weitem[1)]

はるかに、ずっと

① Du sangst **bei Weitem** schöner als sie.
君は彼女より**はるかに**美しく歌った。

② Deutsch ist **bei Weitem** schwieriger als Englisch.
ドイツ語は英語より**はるかに**難しい。

③ Japan hat eine **bei Weitem** größere Bevölkerung als Deutschland.
日本はドイツより**ずっと**人口が多い。

④ Wein trinke ich **bei Weitem** lieber als Bier.
ワインのほうがビールより**ずっと**好きです。

関連表現

weit und breit いたるところで
Weit und breit war niemand zu sehen.
見渡す限り人っ子ひとり見えなかった。

es[2)] weit bringen 成功する、出世する
Er hat **es weit gebracht**.
彼は**成功した**。

[1)] 比較級の強調には一般にnochやweitが用いられるが、より高い程度を表している。
[2)] esは形式目的語。

ohne Weiteres

簡単に、何の問題もなく

① Dieses Medikament bekommt man **ohne Weiteres** fast in jedem Geschäft.

この薬は**簡単に**ほとんどどこの店でも手に入る。

② Ich war nicht sicher, ob ich seinen Computer so **ohne Weiteres** benutzen darf.

私は彼のコンピュータを**軽々しく**使っていいものかどうかわからなかった。

③ Dieses Leitungswasser können Sie **ohne Weiteres** trinken.

この水道水は**何の問題もなく**飲むことができます。

④ **Ohne Weiteres** packte das Kind all[1] seine Geschenke aus.

何のためらいもなくその子供はプレゼントを全部開けた。

---
[1] 定冠詞・所有冠詞・指示代名詞の前に置かれる場合はしばしば語尾のつかないallが用いられる。

in aller Welt
いったいぜんたい

① Was **in aller Welt**[1] denkst du?
君は**いったい**何を考えているんだい？

② Wo **in aller Welt** kann meine Brille nur sein?
いったいどこに私のメガネがあるのだろうか？

③ Wer **in aller Welt** ist diese wunderschöne Frau?
このとても美しい女性は**いったいぜんたい**誰なんだ？

④ Wie **in aller Welt** sollen wir dieses Problem nur lösen?
いったいどうやってこの問題を解決すればよいのでしょうか？

関連表現

zur Welt kommen　生まれる
　Im Jahre 1749 **kam** Goethe **zur Welt**.
　1749年にゲーテが**生まれた**。

---

[1] 疑問詞の直後に置いて強調として用いる。

ein wenig
少し

① Ich bin **ein wenig** müde.
私は**少し**疲れている。

② Sie spricht **ein wenig** Italienisch.
彼女は**少し**イタリア語を話す。

③ **Ein wenig** kann ich Ihnen schon heute erklären.
少しあなたに今日のうちに説明できます。

④ An der Soße fehlt[1] **ein wenig** Salz.
ソースに**少し**塩が足りない。

---

[1] an+3格 fehlen …³に足りない、欠けている

am Werk sein
働いている

① Sie **waren** schon **am Werk**.
彼らはもう**仕事に取りかかっていた**。

② Man sah sofort, dass hier professionelle Einbrecher **am Werk gewesen** waren.
これはプロの押し込み強盗が**やった**ことがすぐにわかった。

③ Meine Frau **ist** gerade in der Küche **am Werk**, um das Essen zu machen[1].
妻が料理を作るためにちょうど台所仕事に**とりかかった**ところだ。

④ Der Schrank ist ganz kaputt. Da **waren** Termiten[2] **am Werk**.
戸棚がすっかり壊れた。シロアリの**仕業だった**。

関連表現

ans Werk gehen / sich⁴ ans Werk machen
仕事にとりかかる
  Nun wollen wir **uns** gleich **ans Werk machen**.
  さあすぐに**仕事にとりかかろう**。

4格 ins Werk setzen …⁴を実行に移す
  Der neue Plan ist schwer **ins Werk** zu **setzen**.
  その新しいプランは**実行に移す**のが難しい。

---
[1] [das] Essen machen / kochen 料理を作る
[2] die Termite シロアリ

auf+ 4格 Wert legen

…⁴ を重要視する

① Der Chef **legt** großen **Wert auf** Ordnung.
部長は整理整頓を大いに**重んじている**。

② Meine Mutter **legt Wert** dar**auf**, dass ich mich regelmäßig bei ihr melde¹⁾.
私の母は私が定期的に彼女に連絡をすることを**重要視している**。

③ Unsere Firma **legt** viel **Wert auf** gepflegte Umgangsformen.
私たちの会社は洗練された行儀作法を大いに**重視している**。

④ Sie **legt keinen** besonderen **Wert auf** Markenkleidung.
彼女にとってブランドの服は何ら特別な**価値がない**。

---

¹⁾ sich⁴ bei+ 3格 melden …³に連絡をする

immer wieder
再三再四

① Der Student macht **immer wieder** den gleichen Fehler.
その学生は**何度も何度も**同じ間違いをくり返す。

② Ich habe **immer wieder** versucht, ihn telefonisch zu erreichen[1].
私は**何度も何度も**彼と電話で連絡を取ろうとした。

③ Meine Mutter sieht **immer wieder** die gleichen Filme.
母は**繰り返し**同じ映画を見ている。

④ Wir haben ihn **immer wieder** gewarnt, aber er wollte nicht auf uns hören[2].
私たちは**再三再四**彼に警告したが、彼は私たちの言うことに耳を傾けようとはしなかった。

関連表現

nie wieder 二度と再び…しない
　Ich möchte ihn **nie wieder** sehen.
　彼には**二度と**会いたく**ない**。

---

[1] 4格 erreichen …⁴と連絡がつく
[2] auf+4格 hören …⁴の言うことを聞く、…⁴に従う (hörenは自動詞)

Wind von + 3格 bekommen

…³ を嗅ぎつける

① Er hat **Wind** da**von bekommen**.
彼はそれを**嗅ぎつけた**。

② Passen Sie auf, dass die Presse **keinen Wind von** dem Unfall **bekommt**.
新聞が事故を**嗅ぎつけない**よう気をつけなさい。

③ Seine Eltern hatten bereits **Wind von** der geplanten Party **bekommen**.
彼の両親はパーティーが計画されていることにすでに**気づいていた**。

④ Meine Mutter hat irgendwie **Wind** da**von bekommen**, dass ich das Schuljahr wiederholen[1] muss.
母は私が留年しなければならないことをどこからか**嗅ぎつけた**。

関連表現

4格 in den Wind schlagen …⁴を馬耳東風と聞き流す
 Er hat unsere Ratschläge **in den Wind geschlagen**.
 彼はわれわれの助言を**受け付けなかった**。

---

[1] das Schuljahr wiederholen 原級にとどまって同じ学年を2度くり返す

in Wirklichkeit

本当は、実際は

① **In Wirklichkeit** gibt es keinen Beweis, dass er es gestohlen hat.

実際のところ彼が盗んだという証拠はどこにもない。

② **In Wirklichkeit** ist sie gar keine Chinesin[1].

本当は彼女は中国人なんかではない。

③ Er sagte, er sei[2] ledig, dabei war er **in Wirklichkeit** bereits verheiratet.

彼は独身だと言ったが、その時彼は**実際には**すでに結婚をしていた。

④ Die Parteispende war **in Wirklichkeit** nur eine Form der Geldwäsche gewesen.

党への寄付金は**実際には**資金洗浄に過ぎなかった。

---

[1] Chinesin 中国人女性 [男性形] der Chinese [男性弱変化名詞]
[2] sei sagenの内容を説明する間接話法、seinの接続法第1式。

von+3格 nichts wissen wollen

…³ にかかわりたくない

① Da**von will** ich **nichts** mehr **wissen**.
私はもうそのことに**かかわりたくない**。

② **Von** seiner Vergangenheit **wollen** wir lieber gar **nichts wissen**.
彼の過去について私たちはできれば**何も知りたくない**。

③ Sie mag ihn, aber **von** seinen Freunden **will** sie **nichts wissen**.
彼女は彼のことが好きだが、彼の友人たちとは**かかわりたくない**。

④ Der Chef **wollte nichts** da**von wissen**, wie die Verträge zustande gekommen[1)] waren.
上司はその協定がどのようにして実現したかを**聞く耳を持とうとはしなかった**。

[1)] zustande kommen 実現する、完成する (➜ 363)

meines Wissens[1]

私の知る限りでは

① **Meines Wissens** kandidiert[2] er nicht als Präsident.
私の知る限り彼は大統領に立候補しない。

② **Meines Wissens** verkauft sich das Produkt sehr gut.
私の知る限りその製品はとてもよく売れている。

③ Dieses Haus wurde **meines Wissens** schon vor über 100 Jahren gebaut.
この家は私の知る限りすでに100年以上も前に建てられた。

④ **Meines Wissens** kann man an diesem See sehr gut angeln.
私の知る限りではこの湖はとてもよく魚が釣れる。

関連表現

nach bestem Wissen und Gewissen　誠心誠意
　Sie hat jede Frage **nach bestem Wissen und Gewissen** beantwortet.
　彼女はどの質問にも**誠心誠意**答えた。

---

[1] m.W. と略されることもある。
[2] als ... kandidieren　…として立候補する

wohl oder übel

いやおうなしに、よかれあしかれ

① **Wohl oder übel** musst du es tun.

君は**いやでもおうでも**そうしなければならない。

② Das Geld werden wir ihm **wohl oder übel** zurückzahlen müssen.

そのお金を私たちは彼に**否がおうでも**返さなければならないだろう。

③ Wenn es stark regnet, müssen wir den Ausflug **wohl oder übel** absagen.

雨が強く降るならば、**いやおうなしに**遠足を取りやめなければならない。

④ Früher musste man **wohl oder übel** heiraten, wenn ein Kind unterwegs[1] war.

昔は妊娠すれば**否がおうでも**結婚しなければならなかった。

---

[1] ein Kind unterwegs sein　妊娠している

aus allen Wolken fallen
びっくり仰天する

① Als er die Nachricht erfuhr, **fiel** er **aus allen Wolken**.
この知らせを聞いたとき、彼は**びっくり仰天した**。

② Sie **fiel aus allen Wolken**, als sie seine wahre Identität herausfand.
彼女が彼の本当の身元を突き止めたとき、彼女は**びっくり仰天した**。

③ Angesichts[1] der Schlagzeilen in der Zeitung **fielen** wir **aus allen Wolken**.
新聞の見出しを見て私たちは**びっくり仰天した**。

④ Mein Vater **fiel aus allen Wolken**, als er das Bild seines Bruders im Fernsehen sah.
父は彼の兄弟の写真をテレビで見て**びっくり仰天した**。

---

[1] angesichts …²を目の前にして、直面して（2格支配の前置詞）

3格 das Wort / den Mund verbieten[1]

…³ に発言を禁じる、…³ の口を封じる

① Ich lasse mir von dir nicht **den Mund verbieten**!
君にぼくの**口を封じさせ**はしない。

② Der Vorsitzende **verbot** uns **das Wort**.
議長は私たちに**発言を禁じた**。

③ Die Demonstranten[2] ließen sich von den Politikern nicht **das Wort verbieten**.
デモ参加者たちは政治家たちによって**口を封じられる**ことはなかった。

④ Die Lehrer versuchten, den aufgebrachten Schülern **den Mund** zu **verbieten**.
教師は激怒した生徒たちの発言を**禁じよう**とした。

---

[1] 打ち消すときは 3格 nicht das Wort / nicht den Mund verbieten
[2] die Demonstranten 男性弱変化名詞 デモ参加者 1格 der Demonstrant

3格 auf den Zahn fühlen

…³の真意を探り出す

① **Fühlen** wir ihm einmal **auf den Zahn**?

一度あいつの**腹を探ってみよう**。

② Der Kriminalkommissar beschloss, dem Hauptverdächtigen[1] einmal **auf den Zahn** zu **fühlen**.

犯罪課の警部は第一容疑者の**腹を**一度**探ろう**と決めた。

③ Ich möchte ihm einmal **auf den Zahn fühlen**, ob er wirklich die Wahrheit sagt.

彼が本当に真実を述べているかどうか私は彼の真意を一度**探り出そう**と思っている。

④ Nach den Ferien **fühlte** der Lehrer den Schülern einmal gründlich **auf den Zahn** und stellte fest, dass sie viel vergessen hatten.

休みが終わると教師は生徒たちの能力を一度徹底的に**調べてみた**、そして彼らが多くを忘れてしまったことに気づいた。

---

[1] Hauptverdächtigen 第一容疑者
形容詞 verdächtig (疑わしい) から作られた名詞 der Verdächtige (容疑者) の3格に Haupt (頭、頭目) がついたもの。形容詞的語尾変化をする。

[3格] den Zahn ziehen

…³ の甘い期待を打ち砕く

① Sie hat ihm **den Zahn gezogen**.

彼女が彼の**甘い期待を打ち砕いた**。

② Er will Arzt werden? **Den Zahn** musst du ihm ganz schnell **ziehen**!

彼は医者になるつもりなのかい？君はすぐさま彼の**甘い期待を打ち砕か**なくてはならない。

③ Sie wollte mit mir ans Meer fahren, aber **den Zahn** musste ich ihr **ziehen**.

彼女は私と一緒に海へ行こうとしたが、私は彼女の**甘い期待を打ち砕か**ねばならなかった。

④ Mein Großvater möchte einen Schrebergarten pachten[1], aber **den Zahn** werden wir ihm **ziehen** müssen.

私の祖父はシュレーバー菜園を借りたいと思っているが、私たちは彼の**甘い期待を打ち砕か**ねばならないでしょう。

---

[1] einen Schrebergarten pachten シュレーバー菜園（家庭菜園）を賃借りする

die Zähne zusammenbeißen

苦痛などに耐える

① **Beiß die Zähne zusammen!**
歯をくいしばれ！

② Dieser Winter wird sehr kalt. Da müssen wir **die Zähne zusammenbeißen**.
この冬はとても寒くなる。そんなときは**耐え忍ば**なければならない。

③ Er hatte großen Hunger, doch er **biss die Zähne zusammen** und lief weiter.
彼はとてもおなかが空いていた。しかしながら彼は**歯を食いしばり**さらに歩いた。

④ Obwohl sie den Tränen nah[1] war, gelang es ihr, **die Zähne zusammen**zu**beißen**.
彼女は今にも泣き出しそうだったが**歯を食いしばる**ことができた。

---

[1] 3格 nah[e] sein …³の状態になりそうである

Zeit haben
時間がある

① **Hast** du **Zeit**, mit mir ins Kino zu gehen?
映画に行く**時間ある**？

② **Hätten**[1] Sie heute **Zeit**, meinen Aufsatz zu korrigieren?
私のレポートを添削する**時間が**今日**おあり**でしょうか？

③ Er **hatte keine Zeit**, sich um den Garten zu kümmern.
彼は庭の世話をする**時間がなかった**。

④ Wenn man Vollzeit arbeitet, **hat** man keine **Zeit** für Einkaufsbummel in der Stadt.
フルタイムで働くと町でショッピングする**時間もない**。

---

[1] 丁寧な表現にするために用いられた接続法第2式、いわゆる外交的接続法。

zu ..., als dass ...[1]

あまりに…すぎて…ない

① Sie ist **zu** jung, **als dass**[2] sie heiraten könnte.
彼女は結婚する**には**若**すぎる**。

② Der Kühlschrank ist **zu** schwer, **als dass** wir ihn selbst transportieren könnten.
この冷蔵庫はわれわれで運ぶ**には**重**すぎる**。

③ Der Film war **zu** traurig, **als dass** ich ihn nochmals ansehen würde.
その映画はあまりに**悲しすぎて**もう一度見られ**ない**。

④ Die Veranstaltung erscheint mir **zu** unwichtig, **als dass** ich dafür mein Wochenende opfern würde.
その催し物は私にはどうでもよ**すぎて**、私の週末をそれに捧げることは**できない**。

---

[1] 後続する副文には接続法第2式が用いられる。
[2] この構造は次のように「zu ..., um ... zu不定詞」の構造に書き換えることができる。
Sie ist **zu** jung, **um zu** heiraten.

durch Zufall / aus Zufall
偶然に

① **Durch Zufall** haben wir uns kennengelernt.
偶然に私たちは知り合った。

② **Durch Zufall** sah er seine Schwester 30 Jahre später in Paris wieder.
偶然彼は妹に 30 年後パリで再会した。

③ Wir haben uns **aus Zufall** den gleichen Pullover gekauft.
私たちは**たまたま**同じセーターを買った。

④ Zu seinem Studienfach hat er eher **aus Zufall** gefunden[1].
彼の専門科目にどちらかと言えば**偶然に**彼は行き着いた。

---

[1] zu+3格 finden …³に行き着く (findenは自動詞)

4格 **zufriedenstellen**

…⁴ を満足させる

① Man kann ihn schwer **zufriedenstellen**.
彼を**満足させる**のは難しい。

② Das ist ein uns alle sehr **zufriedenstellendes**[1] Ergebnis.
これはわれわれ全員を大変**満足させる**成果だ。

③ Er hat hohe Ansprüche und ist schwer **zufrieden**zu**stellen**.
彼の要求は高く、**満足させる**のは難しい。

④ Trotz aller Anstrengung gelang es ihm nicht, seinen Vorgesetzten[2] **zufrieden**zu**stellen.**
あらゆる努力をしても彼は上司を**満足させる**ことができなかった。

---

[1] zufriedenstellenを現在分詞にして形容詞句として用いた例。
[2] seinen Vorgesetzten 形容詞変化　sein Vorgesetzter (彼の上司) の4格

3格 4格 zugutehalten

…³のために…⁴の事情を考慮してやる

① Wir wollen ihm seine Jugend **zugutehalten**.

彼の若さに免じて**大目に見て**やろう。

② Wir sollten ihm **zugutehalten**, dass er sich sehr für seine Stadt engagiert[1)].

私たちは彼が町のためにとても尽力することを**考えに入れる**べきでしょう。

③ Der Richter **hielt** dem Angeklagten **zugute**, dass er zuvor niemals straffällig geworden war.

裁判官は被告人が以前に一度も犯罪を犯していなかったことを**考慮してやった**。

④ Der neuen Technik muss man **zugutehalten**, dass sie sehr umweltfreundlich ist.

その新しい技術はとても環境にやさしいものだということを**考慮しなければならない**。

[1)] sich⁴ für+[4格] engagieren …⁴のために尽力する

3格 4格 zukommen lassen

…³ に…⁴ を送る、…³ に…⁴ を与える

① Er hat seinen Eltern monatlich Geld **zukommen lassen**.
彼は毎月両親に**仕送りした**。

② Die Unterlagen[1] werde ich Ihnen in den nächsten Tagen **zukommen lassen**.
書類は近日中にあなたへ**お送りいたします**。

③ Er hat mir **zukommen lassen**, dass er an unserem Treffen nicht teilnehmen wird.
彼は私たちの会合に参加しないだろうと私に**知らせてきた**。

④ Meine Patientenverfügung habe ich meinem Arzt bereits **zukommen lassen**.
私の患者への指示を私は主治医にすでに**送りました**。

---

[1] Unterlagen 書類、資料（複数）
単数1格は die Unterlage（基礎、土台）。

in Zukunft
今後は、将来は

① **In Zukunft** werde ich fleißiger sein.
今後はもっと勤勉になります。

② Er wird **in Zukunft** eine strenge Diät halten müssen.
彼は今後厳しい食養生を行わねばならないだろう。

③ Wir sollten **in Zukunft** öfters mal eine Grillparty machen.
これからもたびたびバーベキューをするようにしたいね。

④ **In Zukunft** wird die Regierung auf ihre Dienste verzichten[1] müssen.
今後政府はその職務を断念しなければならないだろう。

---

[1] auf+4格 verzichten …⁴を放棄する、断念する

3格 4格 zuleide tun

…³ に悪いことをする、危害を加える

① Was habe ich ihr **zuleide getan**?
私が彼女に何を**した**というのか？

② Es ist unentschuldbar, wehrlosen Menschen etwas **zuleide** zu **tun**.
無防備の人間に**危害を加える**のは許されないことだ。

③ Wer würde schon einem alten Hund etwas **zuleide tun**?
誰が老犬にそんな**ひどいことをする**というのでしょうか？

④ Mein Sohn kann keiner Fliege etwas **zuleide tun**[1].
息子は虫も殺せぬほど優しい。

---

[1] keiner Fliege etwas zuleide tun [können] 虫一匹も殺せない、虫も殺せぬほど優しい

nicht zuletzt

特に、とりわけ

① Alle Leute und **nicht zuletzt** die Kinder haben den Star gern[1].

すべての人々が、**とりわけ**子供たちがこのタレントが好きだ。

② Seine Karriere hat er **nicht zuletzt** der Unterstützung seiner Frau zu verdanken.

彼の出世は**ひとえに**妻の支えがあってのことだった。

③ Es lag[2] **nicht zuletzt** an seiner gesundheitlichen Verfassung, dass er sein Amt aufgeben musste.

彼が勤めをやめなければならなかったのは**特に**健康状態が原因だった。

④ Man braucht Ehrgeiz, Zielstrebigkeit und **nicht zuletzt** auch Charisma, um als Politiker Erfolg zu haben.

政治家として成功するためには、名誉欲と目標達成の願望そして**とりわけ**カリスマ性が必要である。

---

[1] 4格 gernhaben …4が好きである
[2] an+3格 liegen …3が原因である、…3のせいである

4格 zunichtemachen

…⁴をだめにする

① Der Taifun hat die ganze Ernte **zunichtegemacht**.
台風がすべての収穫を**だめにしてしまった**。

② Das Wetter hat unsere Reisepläne **zunichtegemacht**.
天気が私たちの旅行の計画を**台無しにした**。

③ Die Krankheit hat all ihre Hoffnung **zunichtegemacht**.
病気が彼女の望みすべてを**打ち砕いた**。

④ Die Wirtschaftskrise hat unsere Investitionsvorhaben[1] **zunichtegemacht**.
経済危機はわれわれの投資計画を**水泡に帰せしめた**。

関連表現

zunichtewerden だめになる
Unsere Hoffnungen **wurden zunichte**.
私たちの希望は**打ち砕かれた**。

---

[1] Investitionsvorhaben 投資計画（ここでは複数）(die Investition 投資 + das Vorhaben プラン)

zurzeit
目下のところ

① **Zurzeit** bin ich sehr beschäftigt.
今のところ私は大変忙しい。

② Wir haben **zurzeit** nicht so viel Geld.
私たちは今そんなにたくさんお金がない。

③ **Zurzeit** wohnt sie in San Francisco.
現在、彼女はサンフランシスコに住んでいる。

④ Wir haben **zurzeit** meinen Onkel aus Spanien zu Gast[1].
目下のところ、私たちはスペインから私のおじを客として招いている。

関連表現

mit der Zeit　時とともに
　Mit der Zeit erkaltete seine Liebe zu ihr.
　彼女に対する彼の愛は**時とともに**冷めてしまった。

von Zeit zu Zeit　ときどき、ときおり
　Von Zeit zu Zeit treffe ich ihn in der Stadt.
　ときおり町で彼を見かけることがある。

---

[1] 4格 zu Gast haben　…4を客として招いている

im Zusammenhang mit + 3格

…³ と関連して

① **Im Zusammenhang mit** diesem Verbrechen wurden zwei Männer festgenommen.

この事件との**関連で**男が二人逮捕された。

② **Im Zusammenhang mit** dem Aufstand im Gefängnis gibt es noch keine Neuigkeiten.

刑務所内での暴動に**関連した**ニュースはまだありません。

③ **Im Zusammenhang mit** dem Trainerwechsel gibt es heute eine Pressekonferenz.

監督交代と**関連して**今日記者会見があります。

④ **Im Zusammenhang mit** dem Bestechungsskandal[1] kamen neue Einzelheiten ans Licht[2].

贈収賄スキャンダルに**関連して**新たな詳細が明らかになった。

---

[1] der Bestechungsskandal 贈収賄スキャンダル (die Bestechung 贈収賄 + der Skandal スキャンダル)
[2] ans Licht kommen 明るみに出る

4格 zustande bringen

…⁴を成し遂げる

① Wir konnten endlich den Vertrag **zustande bringen**.
私たちはようやく契約を**成立させる**ことができた。

② Da er allein **nichts zustande bringt**, kann man ihm keine Arbeit anvertrauen[1].
彼は一人では**何もできない**ので彼には仕事を任せられない。

③ Meine Yogalehrerin hat es **zustande gebracht**, dass ich mich wieder fit fühle[2].
ヨガの先生は私がまたコンディションがよいと感じられるように**してくれた**。

④ Beide Länder haben endlich einen Friedensplan **zustande gebracht**.
両国はようやく平和構想を**まとめた**。

関連表現

zustande kommen　成し遂げられる
　Die Verhandlung ist endlich **zustande gekommen**.
　交渉がようやく**まとまった**。

---

[1] 3格 4格 anvertrauen　…³に…⁴を任せる
[2] sich⁴ fit fühlen　コンディションがよいと感じる

4格 **zutage bringen**[1]

…⁴を明らかにする

① Sein Talent wurde relativ spät **zutage gebracht**.
彼の才能はだいぶ後になってから**明らかになった**。

② Die Medien **brachten** schließlich doch das ganze Ausmaß des Skandals **zutage**.
メディアはその騒動の全貌をついに**暴露した**。

③ Erst sein Testament **brachte zutage**, wie groß sein Vermögen wirklich war.
実際いかに彼の財産が大きかったかは彼の遺言状ではじめて**明らかになった**。

④ Der Verbrauchertest **brachte zutage**, dass die Mehrheit der untersuchten Produkte von[2] **zweifelhafter Qualität waren**.
消費者テストで検査された製品の大半が疑わしい品質のものであったことが**露見した**。

---

[1] bringenのかわりにfördernが用いられることもある。
[2] このvonは性質・特性を表す。

ohne Zweifel

疑いなく、確かに

① Er ist **ohne Zweifel** ein geschickter Arzt.
  彼は**疑いなく**腕の立つ医者だ。

② Die jungen Stipendiaten[1] werden es **ohne Zweifel** noch weit bringen im Leben.
  その若い奨学生たちは**必ずや**人生の成功を収めるだろう。

③ Er ist **ohne** jeden **Zweifel**[2] ein erstklassiger Chirurg[3].
  彼はまったく**疑いなく**一流の外科医だ。

④ Fliegen gehört **ohne Zweifel** zu den sichersten Reisemöglichkeiten.
  飛行機は**間違いなく**最も安全な旅行手段の一つだ。

関連表現

4格 in Zweifel stellen / ziehen …⁴を疑う
Niemand **stellt** deine Ehrlichkeit **in Zweifel**.
君の誠実さに**疑念を抱く**者はいない。

---

[1] Stipendiaten 男性弱変化名詞 奨学生　1格 der Stipendiat　女性形 Stipendiatin
[2] ohne jeden Zweifel 強調して「何らの疑いなく」という意味で用いられることもある。
[3] Chirurg [ヒルルク] 男性弱変化名詞 外科医　女性形 Chirurgin

音声ダウンロード・ストリーミング

本書の付属CD [MP3] と同じ内容の音声がダウンロードならびにストリーミング再生でご利用いただけます。PC・スマートフォンで本書の音声ページにアクセスしてください。

https://www.sanshusha.co.jp/np/onsei/isbn/9784384058284/

MP3付

これだけは知っておこう!

会話と作文に役立つドイツ語定型表現365

2016年6月15日　第1刷発行
2025年9月15日　第8刷発行

著　者　————　橋本政義

発行者　————　前田俊秀

発行所　————　株式会社 三修社

〒150-0001　東京都渋谷区神宮前2-2-22
TEL 03-3405-4511
FAX 03-3405-4522
振替 00190-9-72758
https://www.sanshusha.co.jp/
編集担当　永尾真理

DTP　　　　有限会社 トライアングル
表紙デザイン　峯岸孝之（Comix）
印刷所　　　株式会社平文社
CD録音　　　ユニバ合同会社
CD製作　　　株式会社メディアスタイリスト

©Masayoshi Hashimoto 2016 Printed in Japan
ISBN978-4-384-05828-4 C1084

JCOPY 〈出版者著作権管理機構 委託出版物〉

本書の無断複製は著作権法上での例外を除き禁じられています。複製される場合は、そのつど事前に、出版者著作権管理機構（電話 03-5244-5088 FAX 03-5244-5089 e-mail: info@jcopy.or.jp）の許諾を得てください。